Marina Grünewald (Hrsg.)

SCHWESTERN DER GROSSEN GÖTTIN

Smaragd Verlag

© Smaragd Verlag, Neuwied
Erstausgabe Januar 2000
Titelbild: XPresentation Stefan Huber, Boppard, unter Verwendung eines Bildes von Susan Seddon Boulet
Layout und Gestaltung: Bertram Wallrath
Satz: DTP-Service-Studio, Rheinbrohl
Printed in Czech Republic
ISBN 3-926374-84-5

Inhaltsverzeichnis

„Weißt du denn nicht, daß die Göttin bereits gewonnen hat? Das Volk zollt dem Vater und dem Sohn am Sabbat zwar noch leichte Aufmerksamkeit, doch es ist die Mutter, die sie am leidenschaftlichsten anbeten. Es sind ihre Statuen, die überall im Lande stehen. Die Mutter erfüllt den Geist der Menschen. Was macht es schon aus, ob man die Göttin Columbia nennt oder ihr einen anderen Namen gibt. Wenn sie nicht durch den Haupteingang eintreten kann, nimmt sie eben die Hintertür."

Philipp José Farmer

Momo Edel:
Suche nach der verschütteten weiblichen Kraft

Am Anfang war die Große Göttin. Alle Völker dieser Erde verehrten am Anfang der Menschheitsgeschichte eine große Göttin. Sie war die Große Mutter, die Lebensspenderin, die Fruchtbare, aber auch die Verschlingende, Zerstörerische. Sie war Mutter Erde, die Erde selbst, mit deren Früchte sie ihre Kinder, uns Menschen, ernährte. Dafür wurde sie verehrt und angebetet. Sie war der Anfang und das Ende. Sie war der Himmel, ihr gebogener Leib stellte das Himmelsgewölbe mit allen Sternen dar. Die Göttin in ihrer dreifachen Gestalt als jungfräuliches Mädchen, Mutter und alte Frau symbolisierte den Kreislauf des Lebens.

Aber die Menschheit entwickelte sich weiter. Und mit jeder neuen Entwicklungsstufe verehrten sie neue Götter. Allmählich wurde die Große Göttin von den neuen männlichen Göttern verdrängt. Nicht mehr die schöpferische, lebensspendende, fruchtbare weibliche Kraft wurde verehrt, sondern die kriegerische, expansive, schöpferische männliche Kraft.

Zunächst konnten sich männliche und weibliche Götter ihre Plätze in den Götterhimmeln und in den Herzen der Menschen noch teilen. Doch im Lauf der Jahrhunderte wurden die Funktionen der weiblichen Gottheiten immer stärker eingeschränkt. War die Göttin ursprünglich die Herrscherin des Himmelsgewölbes gewesen, galt sie später nur noch als Gebieterin über ein einziges Gestirn, den Mond, der von den männlichen Sonnengöttern überstrahlt wurde.

Diese Entwicklung fand ihren Höhepunkt im Christentum. Die einst weibliche Dreifaltigkeit, von Jungfrau, Mutter und alter Frau wurde durch die Trinität von Vater, Sohn und Heiligem Geist ersetzt. Die einstige Himmelskönigin wurde zur heiligen Jungfrau Maria, der Mutter des göttlichen Kindes.

Für viele Menschen, besonders für Frauen, ist das Bild, das die christlichen Kirchen von Weiblichkeit vermitteln, zunehmend unbefriedigend geworden, und sie suchen nach anderen Bildern. Aber welche Götter haben wir heute? Es gibt keinen neuen Götter mehr, und so bleibt uns nur die Rückbesinnung auf unsere Wurzeln. Dank der feministischen Theologie werden heute bereits viele Geschichten aus der Bibel neu interpretiert. Aber vielen Menschen reicht das noch nicht und sie gehen noch weiter zurück. Sie suchen nach der verschütteten weiblichen Kraft, die doch im Verborgenen stets weiter lebte, sie suchen nach einer neuen - und alten - Definition von Weiblichkeit, die es ihnen ermöglicht, einen eigenständigen Weg zu beschreiten. Dieser Weg soll kein Rückschritt in die Anfänge der Menschheit sein, sondern jetzt, im beginnenden Zeitalter des Wassermanns, zu einem partnerschaftlichen Miteinander der Geschlechter führen, im Bewußtsein der besonderen Stärken und Talente von Männern und Frauen. Möge dieses Buch allen Suchenden ein Weggefährte bei der Wiederentdeckung der Wurzeln weiblicher Kraft und dem Aufbruch ins neue Jahrtausend sein.

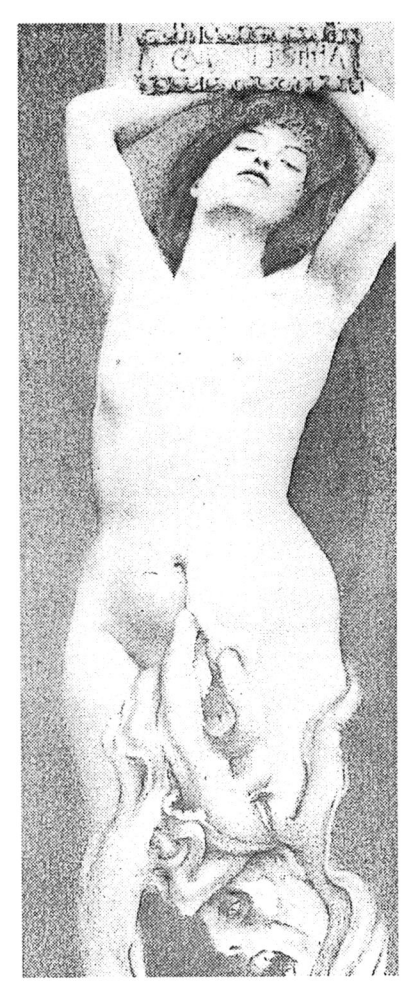

Ischtar

Christina Horst:
Groß bist Du, Ischtar, Königin der Himmel über Babylon!

Gewaltig, stolz und schön erheben sie sich, die azurblauen Mauern der heiligen Prozessionsstraße aus dem alten Babylon, verkürzt auf dreißig Meter Länge und acht Meter Breite, sauber rekonstruiert, konserviert und wohl temperiert im Vorderasiatischen Museum zu Berlin. Das guterhaltene Blau wird vom sonnigen Gelb der dargestellten Löwen erhellt, der Symboltiere der großen Göttin. In doppelter Reihe geleiten die Löwen die Besucher zum kleinen Tor, das mit seinen beiden Flankentürmen selbst heute noch groß erscheint. Um wieviel imposanter müssen erst das große Tor und der Tempel der großen Göttin gewesen sein! Nach Jahrtausenden noch leuchtet das Blau und Gelb der Mauern nun in das milchige Weiß des Museumshimmels. Immer noch vermögen sie einen Schauer der Ehrfurcht hervorzurufen.

Groß muß sie gewesen sein, die Göttin Ischtar aus Babylon!

Groß bist Du, Ischtar, Königin der Himmel über Babylon!

Gewaltig, stolz und schön erheben sie sich, die azurblauen Mauern der Straße Deiner Ehren aus glänzend glasierten Ziegeln, die die strahlend blauen Himmel über Babylon auf die Erde senken und die Erde in die Himmel erheben. "Tor zur Göttlichkeit" nennen wir Dich, Babylon, Du prachtvollste der Städte Mesopotamiens, inmitten von goldwogenden Kornfeldern und grünen Palmgärten am Euphrat, dem Strom des Lebens, gelegen. Deine strahlenden Paläste und Tempelanlagen zeigen Dich stolz als Zentrum des Reiches und prächtigste Großstadt. Hier, kurz vor dem kleinen Tor zu Deinem Tempel verschlägt mir die Schönheit und majestätische Pracht der Straße Deiner Ehren immer wieder für einen Augenblick den Atem, obgleich ich, Deine Priesterin, auf diesen weißen Steinen ach so oft in gleißendem Mondlicht oder bei strahlender Sonne, freudig oder müde, geschritten bin. Hier weitet sich Deine Straße, hier erheben sich Deine Mauern und verlaufen durch das kleine Tor, um in Ferne auf das große Tor zu stoßen, hinter dem sich Dein Heiligtum, ISCHTAR Du Große, prachtvoll erhebt. Nicht weit davon endet die Straße Deiner Ehren am Euphrat, dem Strom, aus dem einst das Leben kam. Und dort, wo er in den Tigris mündet, liegt das Paradies, so wissen wir.

Groß bist Du, ISCHTAR, Königin der Himmel über Babylon!

Groß bist Du, Ischtar, Königin der Himmel über Babylon. Das weiß und sehe ich, Deine Priesterin, so lange ich mich erinnere! Uralt und die Zeiten überdauernd bist Du, Du Große!

Früher wurdest Du INANNA oder NINANNA angerufen. Du kamst aus dem alten Sumer, nicht weit von Babylon, wo sich die Urströme Euphrat und Tigris vereint in die großen Wasser ergießen. Dort haben die Götter das Leben geboren, so wissen wir. Schon damals hattest Du viele Namen, und alle sind sie groß: Du warst und bist Göttin der Liebe und Göttin des Krieges. Du bist und bleibst als Tochter des Himmelsgottes AN und des Mondgottes NANNA die Königin der Himmel. Der schönste aller Sterne steht unter Deinem Schutz, NINSIANNA, Du Göttin der Venus. Zu den großen Festen Deiner Ehren sangen und singen sie im großen Tempel zu Uruk das Lied von Deiner Schönheit und Größe:

---

1) Manfred Lurker "Lexikon der Götter und Dämonen", Artikel zu "Inanna" S. 187

"Der Himmel ist Dir als Krone aufs Haupt gesetzt und die Erde wurde Dir als Sandale an den Fuß gelegt, die Strahlen der Gestirne des Himmels scheinen aus Deinem Rücken hervor" [1].

Der Ruf Deiner Größe breitete sich auch aus zu uns Babyloniern, dem Volk an den Strömen Euphrat und Tigris. Wir nennen Dich Ischtar, unsere andächtige Bezeichnung für "Stern". In vielen Städten Mesopotamiens bauten wir Dir, Du größte aller Gottheiten des alten Orients, seit über 2000 Jahren Tempel. Die ältesten und bedeutendsten wissen wir in Arabela, Ninive und Azzur. Von ihren Priesterinnen haben wir in Babylon gelernt, denn unser Tempel ist noch jung. Nebukadnezar II., unser mächtiger König von Babylonien, hat ihn Dir zu Deinen Ehren erbauen lassen. [1]

Groß bist Du, Königin der Himmel über Babylon!

Deine Vielfältigkeit ist unbegrenzt, in der wir Dich in Deiner göttlichen Weiblichkeit erfahren, Du Große!

Du bist für uns die große Mutter, die uns liebt, ernährt, pflegt und beschützt. Gleichzeitig bist Du als Mondgöttin voller Weisheit über allen Dingen erhaben. Wir verehren in Dir die Gerechte, die Gesetzgeberin, die Richterin und Ratgeberin. Unsere älteren Frauen sehen in Dir ihr Vorbild für weises und gerechtes Handeln, daher hören wir jüngeren Frauen und Männer gern auf ihre Worte. Du bist die jungfräuliche Kriegerin, die Siegreiche in Kämpfen und Schlachten. Wehe dem, der sich Dir entgegenstellt und Dir Deine Macht und Deinen Einfluß streitig machen will! Nicht anders wird es ihm ergehen wie dem schönen Helden Gilgamesh, der Deine Liebe in selbstsüchtiger Angst zurückwies!

---

1) Nebukadnezar regierte von 605 – 562 v. Chr. Die Priesterin spricht ca. 585 v. Chr. nachdem die Hebräer von Nebukadnezar besiegt und in die Babylonische Gefangenschaft deportiert wurden.

Lange vor ihm war wieder die Zeit der aufbrechenden Samen und Du, Du große Geliebte, hattest Dich geschmückt, um Dir, wie jedes Jahr, einen Liebhaber zu wählen, der Deiner würdig sei und mit dem Du den heiligen Zyklus von Werden, Vergehen und Werden feiern wolltest.

Du hattest nicht viel Zeit, Dir einen Geliebten zu suchen und die Heilige Hochzeit zu feiern, denn der Frühling währt hier nur eine kurze Zeit, bevor der Sommer mit vernichtender Dürre einbricht. Das erste Grün hatte das Land der Urströme überzogen, der zarte Duft der Frühlingsblumen lag in der Luft, als Du Dir, Du Große, Tammuz als den "guten Hirten" für das Land wähltest. Er gefiel Dir sofort. Du wußtest, seine Seele und sein Körper sind zärtlich und stark genug, Dir Vergnügen zu bereiten und den Strapazen der Unterwelt standzuhalten. Deine Blicke des Gefallens blieben bei Tammuz nicht unerwidert. Ihm warst Du als junge schöne Frau aufgefallen, deren Gestalt Du angenommen hattest. Jeden Tag verehrte er Dich mit kostbaren Geschenken, die Dich noch mehr in Deiner Schönheit erstrahlen ließen. Als für Dich der Tag der Heiligen Hochzeit gekommen war, schmücktest Du Dein Haupt mit der Hochzeitskrone und geleitetest Tammuz auf die Anhöhe über der Stadt. Während ihr Eure Heilige Vereinigung feiertet, sproß das Gras auf den Bergen und erblühten die ersten Blumen als Zeichen der Fruchtbarkeit für das ganze Land. Erleichtert und erfreut wußten alle: Das Leben ist wiedergekehrt. Alle schmückten sich, um in Gedenken Deiner ihre Feste und Hochzeiten zu feiern. Dank sei Dir, Du große Geliebte!

Solange die Sonne das Land erblühen ließ, liebtest Du Tammuz und zeigtest Dich ihm und uns von Deiner liebevollen, verführerischen und lebensspendenden Seite. Doch sobald die Sonne hoch an den Himmeln stand und ihre Glut das Grün versenkte und den Flüssen das Wasser nahm, zeigtest Du Dich in Deiner furchtbaren und zerstörerischen Kraft. Du wurdest zur Unterweltschlange und zerrissest Tammuz zu Tode, nach dem Du Dich doch zuvor in Liebe verzehret hattest. Dann verlorst Du Deine Todesgestalt und suchtest als Geliebte im ganzen Land sehnlichst nach Deinem Tammuz. Nirgends konntest Du ihn finden, nicht in den Städten, nicht auf den Anhöhen und nicht in den Sümpfen der Lebensströme. Die ganzen Lande waren voll Deiner Schmerzensschreie und alle Frauen weinten mit Dir. Nur noch die Unterwelt blieb Dir als Ort, wo Du ihn finden konntest, um ihn zu neuem Leben zu erwecken. Selbst Dir, Du Große und über alles Erhabene, fiel der Gang dorthin schwer, denn Du wußtest, Du mußtest Dich dort erniedrigen lassen, wolltest Du Tammuz wiedersehen. Deine Liebe zu Tammuz, Deine Liebe zu uns und zum Leben überwand Deinen Stolz und Deine Furcht. Mutig schrittest Du zum Tor des Todes und batest um Einlaß. Als man Dir nicht freiwillig öffnen wollte, drohtest Du mit Deiner ganzen Macht, die Tore aufzubrechen und die Toten entfliehen zu lassen. Da erst gewährte Dir ERESHKIGAL Einlaß, die Höllenkönigin und Schreckliche, indem sie Dich wie jeden zwang, Schmuck und Kleidung bis auf Deine ungeschützte Nacktheit abzulegen. An den sieben Toren, die Du durchschreiten mußtest, wurden Dir Dein Diadem, Dein Gürtel und Dein kostbarer Schmuck genommen. Nur schweren Herzens trenntest Du Dich von diesen Dingen. Kostbar waren sie Dir, weil Tammuz mit ihnen in Liebe um Dich geworben hatte. Am siebten Tor wurdest Du, Du Große, bis auf Deine Blöße entkleidet, um in vollkommener Erniedrigung vor ERESHKIGAL zu treten. Stolz dennoch trugest Du Deine Bitte vor, sie möge Dir Deinen Geliebten zurückgeben, damit das Leben auf Erden nicht vergehe. Als Du hinabstiegest in das Reich des Todes, erstarb auf Erden das Wachstum der Pflanzen und versiegte zwischen den Menschen und zwischen den Tieren die Lust, sich zu vereinigen. Drei Tage währte dieser Tod. Erst dann gewährte Dir ERESHKIGAL Deine Bitte. Am dritte Tage erwecktest Du Tammuz zu neuem Leben und stiegst mit ihm durch die sieben Tore aus dem Reich der Toten wieder auf die Erde hinauf. Nach den Zeiten der Trennung und Sehnsucht vereinigtet ihr euch wieder voll Freude. Das Wachstum der Pflanzen und die Lust, sich zu vereinigen, kehrten auf Erden zurück. Die ganzen Lande waren voll des Lachens und voll der Feste. Die Auferstehung Deines Geliebten wurde zu unserem höchsten Festtag des Jahres, zum Neujahrstag.

Gelobet seist Du, ISCHTAR, Du große Göttin der Liebe!

In jedem Jahr wähltest Du Dir einen Geliebten, Heros genannt, vereinigtest Dich in Liebe mit ihm, gebarst ein Kind von ihm, tötetest ihn, um ihn dann zu neuem Leben zu erwecken und von neuem zu lieben. Nur so könnte der ewigen Kreislauf von Leben und Vergehen unseres Seins aufrechterhalten werden. Später übernahmen Deine Oberpriesterinnen für Dich die Aufgabe, mit den Königen des Landes die Heilige Hochzeit zu feiern. So wähltest Du Dir vor ewigen Zeiten Gilgamesh aus Uruk, den großen König der Sumer. Wie mit Deinem Geliebten Tammuz sollte es werden, und wie ehedem als INANNA mit Deinem Geliebten Dumuzi im alten Sumer. Doch Gilgamesh begegnete Dir unmännlich und unköniglich und wird heute als einer der berühmtesten Helden Babyloniens verehrt!

Ja, die Zeiten haben sich geändert und ändern sich, das weiß und sehe ich, Deine Priesterin, solange ich mich erinnere. Bange und voll Sorge im Herzen bin ich! Gilgamesh, der große König von Sumer, vertraute Dir nicht, Du Große. Er dachte, durch Dich endgültig zu sterben. Er dachte, daß sein Blut für die Fruchtbarkeit der Erde geopfert werden sollte und er sein Leben für immer verlieren würde. Doch in Sumer gab es solche Königsopfer nicht. Beim heiligen Fest von Tod und Wiederkehr sollte er nur in einer Gebirgshöhle als Zeichen der Unterwelt verweilen, bis er von Deiner Oberpriesterin feierlich herausgeleitet werden sollte. Falschen Worten glaubte er und groß blieb er in seiner Angst! Doch wehe ihm, der Dir nicht vertraute!

Für die Feier der Heiligen Hochzeit war alles bereitet. Blendend weiß erstrahlten die gewaltigen Stufenpyramiden Deines großen Tempels zu Uruk. Auf der Spitze des Zikkurrats wartetest Du in Gestalt Deiner Oberpriesterin, um Gilgamesh feierlich und liebevoll zu empfangen. Dreimal warst Du vor dem Altar niedergefallen, hattest den geweihten Boden geküßt und das Öl der königliche Salbung geheiligt. Für das Fest der Liebe waren die feinsten Speisen im Übermaß für die Gäste getafelt, um Dich als Gabenreiche zu huldigen. Tänzerinnen und Musikanten stimmten sich ein. Das Gemach der Heiligen Hochzeit war festlich geschmückt. Alles war bereitet, um die Wiederkehr des Lebens zu sichern. Doch wo blieb Gilgamesh? Vergeblich hieltest Du nach seinem roten Festgewand Ausschau! Nein, Gilgamesh kam nicht. Undenkbar! Undenkbar, Dich als größte Göttin der weiblichen

Liebe und des Lebens abzuweisen und den notwendigen Zyklus von Werden und Vergehen aufzuhalten!

Gilgamesh, der große König, hatte nicht begriffen, daß in Hingabe lieben und sich selbst aufgeben der Inbegriff des Lebens ist. Er fürchtete, sein Ich zu verlieren, oder nenne es sein Leben. Er dachte, er könne dem ewigen Kreislauf von Werden und Vergehen entrinnen. Er hat nicht sehen wollen, daß Du, Ischtar, als das Leben selbst jeden Tod zu einer neuen Geburt, jedes Vergehen in ein Werden, jedes Ende in einen Neuanfang führst.

Doch wehe ihm, der Dich so schmählich abwies! Wehe jedem, daß die Verdrängung von Lust und Tod die Verdrängung des Lebens ist. Für ihn wird weder das Leben voll Freude noch der Tod leicht sein! [1]) Wollte er ängstlich sein Leben retten, so hatte er es nun verloren. Wilde Tiere und Riesen konnte er bezwingen, aber nicht den Tod. Vor Todesangst stieg er sogar in die Unterwelt, um das Kraut des Lebens zu holen, doch vergeblich. Krankheit schicktest Du über ihn und verzweifelt mußte er endgültig sterben. Hatte er sich eigensinnig gegen den ewigen Kreislauf von Leben und Sterben aufgelehnt, so sollte er auch nicht zu neuem Leben erweckt werden.

Wehe dem, der sich gegen Dich als das Lebens erhebt, nicht das Leben wiederhalten soll er!

Wir und Deine Tempelfrauen der Liebe verehren und besingen Dich:

"Oh, Du frohäugige Ischtar des Verlangens, Du Göttin des Seufzens, die das Männliche dem Weiblichen sich zuwenden läßt und das Weibliche dem Männlichen. Süßer als Honig und Wein

---

1) Patricia Monaghan "Ishtar" in ders. "Lexikon der Göttinnen"

ist Dein Gesang und süßer als Sprossen und Kräuter, ja, selbst reiner Sahne überlegen.

Gelobet seist Du, Du Große!" [1])

Du öffnest uns Frauen den Schoß, wenn wir Dich, Du Höchste der weiblichen Lust und Sinnlichkeit, anrufen. Unseren Männern gibst Du in Liebeskünsten Rat, wenn sie Dich, große Geliebte, in den Tempelfrauen der Liebe aufsuchen. Vielfältig sind Deine Erscheinungsformen und vielfältig begegnest Du uns, Du Große! In der Größe aller Deiner Namen leuchtest Du für uns als SHARRAT SHAME, als Königin der Himmel, am ewigen Firmament!

Lobend besingen wir Dich:

"Preiset Ischtar, die furchtbarste aller Göttinnen, verehret die Königin der Frauen, die Größte aller Gottheiten. In Freude und Liebe ist sie gehüllt. Voll des Lebens, der Anmut und der Wollust ist sie. Süße ist auf ihren Lippen, in ihrem Mund liegt Leben. Ihre Erscheinung macht das Vergnügen erst voll. Sie ist ruhmreich...Ein jedes Schicksal hält sie in der Hand...Ischtar - wer käme ihrer Größe gleich? Mächtig, erhaben und glänzend ist ihr Ratschluß...Ohnegleichen ist Ischtars Rang unter den Göttern. Geachtet ist ihr Wort; es ist erhaben über die Götter: Sie ist ihre Königin; ohne Unterlaß folgen sie ihrem Befehl. Ein jeder beugt sich vor ihr." [2])

Doch fremde Propheten mit einem fremden Gott kommen. Sie nennen unsere Tempelfrauen "Huren", unser prachtvolles Babylon "die Mutter der Hurerei" und selbst Dich, Du Große, die

---

1) Patricia Monaghan "Isthar" in ders. "Lexikon der Göttinnen"
2) Zitiert nach Barbara Walker "Ishtar" in ders. "Das geheime Wissen der Frauen", S. 463

18

"Große Hure". Wenig begreifen die Fremden, wenig wollen die Fremden begreifen, aber sie werden mächtig werden und sich über Dich erheben!

Ja, die Zeiten ändern sich, das weiß und sehe ich, Deine Priesterin, so lange ich mich erinnere. Bange und voll Sorgen im Herzen bin ich! Mit Gilgamesh fing es an, der Dich, Du Große, in seiner Angst so selbstsüchtig verschmähte und heute bei uns als großer Held gefeiert wird. Vor Zeiten warst Du, Göttin der Liebe, die größte und erhabenste Gottheit im gesamten Orient und so auch hier in Babylon. Deine Tempel waren die prächtigsten und die Feste Deiner Ehren die höchsten der Lande. Ohne Dich war jeder König machtlos, denn Du schenktest ihm als Oberpriesterin Würde und Amt. Nur Deine Söhne, der Heiligen Hochzeit entsprungen, konnten zu neuen Königen des Landes werden. Aber immer mehr Götter begannen, Dir Deine Macht streitig zu machen und wollen sich über Dich erheben. Die Könige, früher Deine Hirten des Landes, verehren immer weniger Dich als die Höchste, sondern ihre neuerhobenen Götter. Wohin wird das führen? Schon jetzt sehe ich Dinge, die Dir nicht gefallen. Marduk, Dein früherer Geliebter, der nur durch Dich sein Leben und seine Göttlichkeit erlangen konnte, wurde durch die neuen Könige zur höchsten Gottheit Babylons erhoben. Nun sind die Feste zu seinen Ehren die höchsten und prächtigsten. Nicht mehr in Deinem Tempel, sondern in seinem findet die höchste Feier des Neujahrfestes und die heilige Weihung des Königs statt. Verachtung spüre ich! Verachtung und Sorge! Als ob Dein Heros, der das Leben von Dir empfangen hat, nun aus sich selber heraus Leben geben und zum Leben erwecken könnte! Haben sie deswegen den

19

"Etemenanki", von der Nachwelt "Turm zu Babel" genannt, gegenüber dem Marduk-Tempel erbaut, um Marduks Unfähigkeit durch bauliche Größe zu verdecken? Lächerlich und bedrohlich zugleich ist er, dieser Bau des Größenwahns, diese unvollendete Höhe auf dem gewaltigen Pyramidensockel, die von einer riesigen Marduk-Statue geendet wird! Aber ich sehe, wohin das führt, wenn sie die Götter über Dich, Du Große, erheben! Voll Sorge und voll Schmerz im Herzen bin ich! Kriege werden geführt, die früher nicht geführt wurden! Nebukadnezar II. besiegte nicht nur die fremden Hebräer, nein, er mußte ihren heiligen Tempel und ihre heilige Stadt Jerusalem vernichten. Nichts unternahm er dagegen, daß ihr König Zedekia sich ansehen mußte, wie seine Söhne vor seinen Augen hingerichtet wurden! Solch ein unwürdiger und sinnloser Tod wäre niemals in Deinem Sinne gewesen, die Du das Leben achtest! Bange und voll Sorge im Herzen bin ich!

Wir Frauen haben Deine Bedeutung, Du Große, noch nicht vergessen, wenn wir Dich verehren in dem, was wir bei den Göttern vergeblich suchen: in Deinem Schutz unserer Lust, Liebe und Hingabe an das Leben. Noch feiern wir unsere Feste Dir zu Ehren ungestört und von unseren Landsleuten geachtet. Doch die fremden Hohenpriester, Propheten und Schriftgelehrten der besiegten Hebräer, die zu uns verschleppt an den unteren Ufern des Euphrat lagern, sprechen in Verachtung von Dir und uns. Ist der Grund ihrer Verachtung nur ihr Schmerz und Zorn, daß sie besiegt ihre Heimat verlassen mußten? Verständnis und sogar Mitleid würde ich für sie haben. Nein, ich weiß, daß in ihren Landen die Frauen schon länger für unsere so uralte Verehrung Deiner, Du Königin der Himmel, verleumdet und beleidigt werden. Die Hebräer kennen nur einen Gott als Gott ihres Volkes, den sie JAHWE oder ELOHIM nennen, der sie aus der Ägyptischen Gefangenschaft errettet und ihnen das fruchtbare Land Kanaan gegeben hat. Auch wenn ihr Gott wie eine Mutter lieben, beschützen und trösten kann, so kennt JAHWE keine weiblichen Lust, Sinnlichkeit und Fruchtbarkeit, den stärksten Ausdruck weiblicher Kraft und Macht. Nein, eine Göttin kennen die Hebräer nicht. Als sie sich in das Land der Kanaanäer setzten, trafen sie auf ASTARTE, die große Himmelskönigin der Kanaanäer, deren Gestalt Du dort angenommen hattest, und ihren Heros Baal. Bei ihren Festen und in ihren Tempeln verehren sie Dich so, wie wir Dich verehren. Angst haben die Hebräer vor Deinen Festen und Deiner Macht. Sie wollen Deine Bedeutung und den Sinn Deiner Feste nicht be-

greifen und nicht zulassen, und sie wollen ihren Gott als den höchsten Gott des Landes setzen. Erbittert wettern sie gegen Deine Feste, Tempelfrauen und alles, was uns seit ewigen Zeiten gerecht, gut und heilig ist! Erbittert wettern ihre Propheten sogar gegen Dich, und bezeichnen Dich, Du höchste Göttin der Liebe, ehrlos als "Ashtoret", die Göttin der Schande.

21

So erzählen die Hebräer, die an den unteren Ufern des Euphrat lagern, von ihrem Propheten Hosea, daß er sich seine Frau Gomer aus den frommen Frauen des Landes Kanaans wählte. Er nannte seine Frau eine Hure, nur weil sie Dich, Du Königin der Himmel, in ASTARTE der Großen, verehrte. Vorbildlich diente sie Dir, Du Große. Nie zwang Gomer ihren Mann Hosea, sich Dir zu beugen, warum zwang er sie, allein JAHWE zu dienen und entehrte sie, als sie dies nicht tat? Warum können sie nicht Dich, Du Große, neben JAHWE dulden, so wie seit Urzeiten sich mehrere Götter den Himmel und die Erde teilen? Wie sollte Gomer als Frau einem Gott allein dienen, der Deine heilige weibliche Lust, Sinnlichkeit und Fruchtbarkeit nicht kennt? Undenkbar, undenkbar für mich, Deine Priesterin, seitdem ich mich erinnere!

Bange und voll Sorgen im Herzen bin ich! Jetzt klage ich uns Frauen Kanaans, Israels und Babyloniens an, etwas Unheiliges und Verwerfliches zu tun, was noch lange vor ihrer Zeit heilige Freude und Pflicht war und viele nach ihnen haben wenig begriffen und wollen wenig begreifen von unserer Verehrung Deiner, Du Große, die viele Zeiten älter ist als alle ihre Götter. Gomer war eine fromme junge Frau wie viele aus dem Volke der Kanaanäer. Sie ging wie alle Frauen ihres Volkes zu den bescheidenen Tempeln und heiligen Bäumen auf den Anhöhen und Wiesen, um Dir, Du Königin der Himmel, ihre selbstgebackenen Kuchen und Rauchopfer darzubringen. Zu den großen Festen Deiner Ehren ging sie, wie es jedem Mann und jeder Frau des Volkes heilige Pflicht war, wollte sie nicht in Schanden stehen. Beim Fest der jungen Frauen wurde sie würdevoll von den Frauen und Priestern des Tempels als Frau und Ehefrau vorbereitet. Am höchsten Fest des Jahres, dem Fest Deiner Heiligen Hochzeit, nahm sie wie alle frommen Frauen und Männer, Priesterinnen und Priester ihrer Gemeinschaft teil. Frauen und Männer waren in heiliger Lust und Freude beieinander, um Deiner voll und außer sich selbst zu sein. So, nur so, werden wir Frauen und Männer in Deiner Gemeinschaft, oh Königin der Himmel, über uns selbst hinaus erhöht! So, nur so, werden wir geheiligt! Schon immer taten wir dies in Deinem Namen, ASTARTE, in Kanaan. Schon immer taten wir dies in Deinem Namen, Ischtar, in Babylonien. Schon immer taten wir dies in Deinem Namen, INANNA, im alten Sumer.

Groß bist Du, Ischtar, Königin der Himmel über Babylon!

Aber ich sehe: Bald wird eine Zeit kommen, in der Fremde unser Land erobern werden und von Dir, Babylon, Du Prächtigste der Städte zu unserer Zeit, nur noch ein Schutthügel bleiben wird, verächtlich "Babil" genannt. Lange Zeiten später wird nicht weit von hier unter einem neuen Gott, ALLAH gerufen, eine Stadt an den Ufern des Tigris erbaut, die sie Bagdad, Geschenk Gottes, nennen werden. Keine Priesterinnen wird es mehr geben, keine Feste der heiligen Lust und Liebe! Vergessen wirst Du sein hier und überall, vergessen auch das, was wir in Dir verehrten und heiligten! Ich sehe die Frauen, und ach! Voll Sorge und voll Schmerz im Herzen werde ich!

Und so wird kommen, was dann kommen muß, wie ich, Seherin der Großen, so lange ich mich erinnere, sehe und nicht sehen möchte:

In ganz weiter Ferne wird sich eine Dunkelheit und ein Schrecken in unseren heiligen Himmeln und auf unserer geliebten Erde ausbreiten, die alle unsere Erfahrungen des Grauens und des Todes übertreffen werden!

Furchtbare und ganz andere Gottheiten der Menschen werden als blitzende Vogelbauten die heiligen Himmel über Bagdad durchschneiden. Hohe Männer werden sich in ihrem Todesspiel brüsten, wer die stärkeren fliegenden Götter hat. Feuerwolken werden sie ausspeien, die Häuser werden zusammenstürzen, die heilige Erde wird verbrennen, kein Leben wird sie mehr aus sich selbst entstehen lassen können. Hilflose Frauen und Kinder wer-

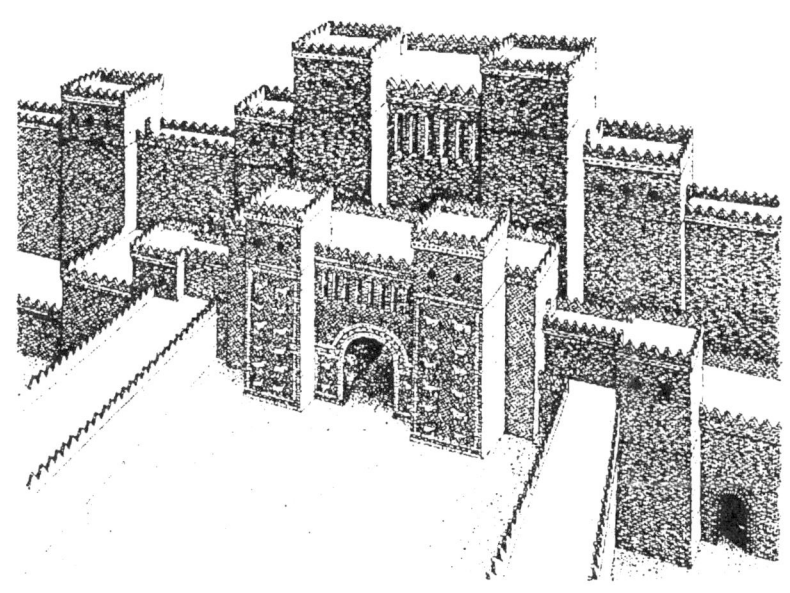

den in der Verwüstung der Feuergötter untergehen oder später jämmerlich an Hunger sterben. Da, wo einst wir in Festen heiliger Liebe durch Dich außer uns selbst gerieten, berauschen sich Hohe Männer in Todesspielen! Voll Schmerz, voll Schmerz im Herzen bin ich! Keine große Göttin wird ihre Leiber zu neuem Leben erwecken, denn Dein Name wird vergessen sein, die Du solch einen unwürdigen und sinnlosen Tod nicht kennst!

Und ich sehe: In weiter Ferne werden sie Reste Deiner Mauern finden und in einer Stadt weit von hier zur Schau stellen.

Ja, gewaltig, stolz und schön erheben sie sich wieder, die azurblauen Mauern der Straße Deiner Ehren, die einst zu Deinem Heiligtum führten. Ja, gewaltig, stolz und schön erheben sie sich wieder, Deine leuchtenden Mauern, die die Himmel auf die Erde senken und die Erde in die Himmel erheben!

Vielleicht werden sie sich in diesen fernen Zeiten wieder Deiner erinnern, wenn ihre zerstörerischen Götter und ihre Todesspiele kaum noch ein glückliches Leben auf ihrer Erde ermöglichen. Vielleicht werden sich die Frauen und Männer dann wieder auf das besinnen, was wir in Dir schon immer erfuhren, verehrten und heiligten: auf die Weisheit tiefer Erkenntnis, auf die Achtung vor dem ewigen Leben und auf die Schönheit der Lust und Liebe, die allein den Tod überwindet!

So spreche ich, Deine Priesterin, so lange ich mich erinnere!

Groß bist Du und groß bleibst Du, Ischtar, Königin der Himmel über Babylon!

Momo Edel:

Isis: Die Herrin des Lichts am Ort der Finsternis

"Siehe, ich bin hinter dir, indem ich meine Flügel schützend um deinen Leib breite". (Grabinschrift)

Hoch aufgerichtet steht sie da. Sie ist von schlanker Gestalt mit runden Apfelbrüsten und einem kleinen, wohlgeformten Bauch. Geschmeidig sieht sie aus, und wäre sie lebendig, so hätte ihre Haut bestimmt den gleichen schimmernden Goldton. Auf ihrem Haupt trägt sie einen Kopfschmuck aus zwei Hörnern, in deren Mitte eine goldene Kugel ruht. Sie strahlt trotz ihrer Jugendlichkeit Kraft und Würde aus. Was würde uns diese goldene Figur wohl erzählen, wenn sie sprechen könnte? "Ich bin Isis", könnte sie sagen, "die Tochter des Himmels und der Erde".

"Ich bin Isis, die Große, die Mutter des Universums. Ich bin die Herrin des Lichts am Ort der Finsternis. Meine Mutter ist Nut, der Himmel, und mein Vater ist Geb, die Erde. Ich bin der Thron der Pharaonen.

Auf meinem Schoß sitzt Horus, das göttliche Kind. Auf meinem Schoß sitzen alle Könige, die jetzigen und die zukünftigen. Gemeinsam mit meiner Schwester Nephthys spinne ich die Gewänder für die Toten und knote Amulette für die Neugeborenen. Ich bin das Vergangene, das Gegenwärtige und das Zukünftige.

Ich trage sieben Schleier und kein Sterblicher hat sie je gelüftet. Meine Zunge ist sicher, meine Worte gehen nicht fehl. Meine Befehle sind wirksam. Ich bin die Nützliche.

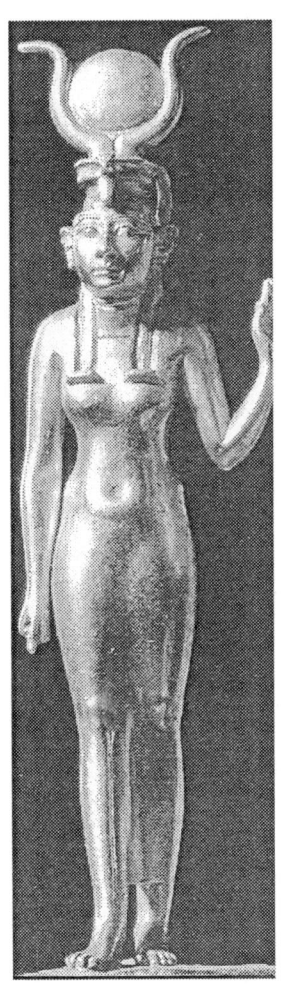

Isis

Ich bin Sothis, die am Himmel leuchtet. Der helle Stern Sirius ist meine Seele. Dort leuchte ich, neben Orion, der Seele meines geliebten Bruders, Osiris.

Meine Schenkel sind das Nilufer und Osiris ist der Strom. Wenn der Fluß über die Ufer tritt, ergießt sich sein Samen, befruchtet die Erde und die Felder gedeihen. Wir sind eine Einheit, auf ewig untrennbar verbunden.

Meine Arme sind geflügelt, ich bin das Falkenweibchen. Ich biete meinem geliebten Bruder Osiris mit meinen Flügeln Schutz. "Siehe, ich bin hinter dir, indem ich meine Flügel schützend um deinen Leib breite", sagte ich ihm. Als Osiris starb, fächelte ich ihm mit meinen Flügeln Lebensluft zu.

Als Osiris starb, schnitt ich mir vor Kummer die langen, glänzenden Haare ab und riß meine Kleidung in Fetzen. Als Osiris starb, brach meine Welt entzwei. Osiris, mein Bruder, mein Geliebter, mein Gemahl. Bereits im Mutterleib hielten wir uns fest umschlungen. Als ich den Mutterleib verließ, folgtest du mir unmittelbar. Nie wollten wir Zeit getrennt voneinander verbringen, immer die Nähe des anderen atmen.

Du wurdest König und ich wurde Königin. Deine Tatkraft und meine Weisheit vereinten sich zu einer vollkommenen Führung. Während du handeltest, sprach ich weisen Rat. Immer und immer stand ich schützend hinter dir, oh, Osiris, mein geliebter Bruder und Gemahl.

Doch Gefahr drohte uns aus unserem eigenen Kreise. Wir waren so arglos, als Seth, unser dunkler Bruder, mit einer reich geschmückten Holzlade in unsere Mitte trat. Derjenige, der genau hinein paßte, sollte sie besitzen. Wie konnten wir ahnen, daß er Böses im Sinn hatte und die Kiste genau nach deinen Maßen, oh Osiris, mein geliebter Bruder, hatte anfertigen lassen?

Und siehe, keiner paßte in die kostbare Lade. Nie werde ich dein Lächeln vergessen, Osiris, als du geschmeidig in die Lade hineinstiegst. Alle jubelten, als du die Form genau ausfülltest. Sahen es als Beweis für deine Göttlichkeit und deine unangefochtene Herrschaft. Wie wenig wußten wir damals. Seth trug dich im Triumphzug hinaus. Wie hätte ich ahnen können, daß er den Deckel von seinen Schergen zunageln und heißes Blei darüber gießen lassen würde. Seth brachte die Kiste mit deinem geliebten Körper zum Nil und ließ sie auf seinen Wellen ins Meer treiben.

In dem Augenblick, als deine Seele deinen Körper verließ, durchzuckte mich vom Scheitel bis zur Sohle einen tiefer, schneidender Schmerz. Ich hatte das Gefühl, gespalten zu werden. Und war es nicht so, Osiris, geliebter Bruder? Waren wir doch immer unzertrennlich gewesen. Nun waren wir durch Neid und Mißgunst auseinandergerissen worden.

Ich schnitt mein glänzendes Haar und zerriß meine Kleidung und bedeckte mein Gesicht mit Ruß. Dann begab ich mich auf die Suche nach deinem Leichnam. Alle Menschen fragte ich nach dir und der Lade, die dich trug. Keiner erkannte in mir die Göttin, als ich trauernd durch unser Land zog. Mein Strahlen war erloschen. Was kümmerte es mich, daß in meiner Abwesenheit die Felder unter der heißen Sonne verdorrten und die Menschen hungerten? Unsere Einheit war zerstört. Wer sollte mich befruchten und dadurch die Erde fruchtbar machen, wenn nicht du? Ich suchte nur dich, Osiris, mein geliebter Bruder, meine Liebe, mein Leben, meine andere Hälfte.

So konnte nichts wachsen und gedeihen. Die Menschen hungerten. Aber es kümmerte mich nicht. Unermüdlich zog ich unter der brennenden Sonne weiter am Nil entlang. Meine Füße schmerzten, aber noch viel schlimmer wütete der Schmerz in meinem Herzen. Nachts sah ich den Orion, deine Seele am Himmel leuchten.

Eine Königin hatte Mitleid mit mir und stellte mich als Kindermädchen ein. Ich saß mit ihrem kleinen Sohn im Schatten einer blühenden Tamariske und nährte ihn mit meinem Finger. In der Nacht versuchte ich, ihn unsterblich zu machen. Ich legte ihn ins Feuer, um seine Sterblichkeit wegzubrennen. Seine Mutter stürzte herbei und riß ihn aus den Flammen. Sie hatte den Zauber zerstört. Ich gab mich ihr als Göttin und Mutter des Universums zu erkennen. Die Königin verriet mir, daß dein Leib, Osiris, mein geliebter Bruder, unter der Tamariske vergraben sei. Ich grub dich aus, und du warst unversehrt. So nahm ich dich mit nach Ägypten, um dich dort in meiner Nähe zu bestatten.

Doch wieder stellte sich unser dunkler Bruder Seth zwischen uns und unsere Liebe. Er fand deinen Körper und zerriß ihn in vierzehn Teile, die er überall im Land verstreute. Und wieder zog ich aus, dich zu suchen, Osiris, mein geliebter Bruder. Meine unzähligen Tränen brachten den Nil zum Überlaufen, und er düngte die Felder mit dem Salz meines Kummers.

Viele Tage und Nächte durchsuchte ich unser Land, und so fand ich dich, Osiris, geliebter Bruder und Gemahl, in viele Stücke zerrissen durch Neid und Mißgunst unseres dunklen Bruders Seth. Ich sammelte die Teile deines geliebten Körpers auf und setzte sie wieder zusammen. Doch welch großer Schmerz! Ein Fisch hatte eines der Teile verschluckt und es fehlte das Glied

deiner Männlichkeit. Wie stolz hatte es sich mir oft entgegen gereckt, hoch aufgerichtet wie eine Säule. Liebevoll lockend hatte mich der Pfahl deiner Liebe zärtlich bedrängt, wenn die Vereinigung unserer goldenen Körper zum Spiegelbild der Einheit unserer Seelen wurde.

Heiße Tränen weinte ich auf deinen fahlen Leib, dem der Tod sein Leuchten genommen hatte. Und so formte ich dir einen neuen Phallus, aus Gold, dem leuchtenden Metall der Sonne, und fügte ihn den anderen Teilen hinzu. Dann beugte ich mich über dich und breitete meine geflügelten Arme aus. Sanft bewegte ich meine Schwingen auf und ab und siehe, der Hauch des Lebens wehte über deinen toten Körper. Wehte Liebe und Leben in dich hinein. Ein goldener Schimmer überzog deine Haut, dein Brustkorb begann sich zu heben und zu senken, deine Augenlider flatterten. Erwacht, erwacht, zu neuem Leben erwacht, warst du, Osiris, geliebter Bruder!

Ich bin Isis, die Mutter des Universums. Ich herrsche über den Himmel und die Erde. Ich zog aus, meinen ermordeten Bruder zu suchen, fand ihn in Stücke gerissen, in alle Winde zerstreut. Liebevoll setzte ich ihn wieder zusammen und hauchte ihm mit meinen Schwingen neues Leben ein.

Ich bin Isis, die Mutter des Universums. Gebieterin über Leben und Tod. Ich bin die Spenderin des Lebens, die Mutter am Ende des Himmels.

Und du Osiris, geliebter Bruder, erhobst dich und wir vereinten uns erneut. Aus der Liebe, die den Tod bezwang, entstand neues Leben und ich gebar Horus, die Sonne. So schließt sich der Kreis von Leben und Tod, Werden und Vergehen.

Ich bin Isis, die Mutter des Universums, Gebieterin über den Lauf der Sterne, Herrin der zehntausend Namen. Ich trage auf meinem Haupt eine Krone aus Stierhörnern, zwischen denen die Sonnenscheibe ruht. Ich gebar Horus, den göttlichen Sohn, den Sonnengott, gezeugt von Osiris, meinem geliebten Bruder und Gemahl.

Viele tausend Jahre herrschte ich über Ägypten, dem Land am Nil, und seine Menschen. Alljährlich überschwemmte ich mit meinen Tränen die Ufer des Nils und machte die Erde fruchtbar. Alljährlich trat Osiris, der Strom, über die Ufer und befruchtete meine Schenkel, die Ufer des Nils. So bin ich die, die "alle Dinge in einem" ist.

Eines Tages kamen Menschen von jenseits des Meeres zu uns. Mit ihnen kamen andere Götter. Neue männliche Götter. Aber auch sie verehrten mich, Isis, die Mutter des Universums. Sie errichteten mir Tempel in ihren Ländern, weit entfernt vom Nil, meinem Bruder.

Sie nannten mich Herrin des Mondes. Mich, die die Erde vom Himmel trennte. Mich, die ich den Sternen ihre Wege wies. Mich, die die Bahnen von Sonne und Mond geordnet hat. Sie raubten mir die Herrschaft über den halben Himmel. Sie verehrten nun einen männlichen Gott.

Die Menschen in den fernen Ländern lebten nicht unter der sengenden Sonne Ägyptens. Ihre Hügel und Felder grünten, sie erhielten Wasser aus dem Himmel und warteten nicht darauf, daß der Nil über die Ufer trat. Sie vergaßen, mir dafür zu danken, daß ich neues Leben spende und dem Land Fruchtbarkeit bringe.

Die Menschen in den fernen Ländern baten mich, die Erfinderin der Seeschiffahrt, um meinen Segen, wenn sie ihre Segel setzten, um über das Meer zu fahren. Dann fuhren sie in noch fernere Länder, deren Erde von grünem Gras bedeckt war. Auch dort errichteten sie mir Tempel und verehrten mich als Göttin des Mondes. Auf meiner Mondsichel fuhr ich sicher über die Meere und folgte ihnen.

Doch bald kam ein neuer Gott, der behauptete, der einzige Gott unter den Göttern zu sein. Meine Tempel wurden zerstört und über ihren Trümmern wurden neue Tempel zu seinen Ehren errichtet.

Meine Tempel sind zerstört, und nur noch selten wird mein Name im Gebet angerufen. Doch einst war ich Isis, die Mutter des Universums, Herrin der zehntausend Namen, die strahlender und erhabener ist als jeder Gott.

So spricht Isis, die große Göttin. Die goldene Figur, hoch aufgerichtet in ihrer jugendlichen Kraft und Schönheit, versinkt in Schweigen. Auf ihrem Haupt trägt sie einen Kopfschmuck aus zwei Hörnern, in deren Mitte die Sonnenscheibe ruht. Ihre Tempel sind zerstört, aber auch in den neuen Tempeln können wir immer noch Spuren der Himmelskönigin Isis finden. Dort, wo dereinst Bilder von Isis, die mit ihrer Isisbarke, der Mondsichel, über den Himmel fuhr, die Wände schmückten, finden wir nun Bilder der Madonna, die in einer Mondsichel steht.

Dort, wo dereinst Figuren der Isis standen, die den göttlichen Knaben Horus säugt, finden wir heute Bilder von Maria mit dem Jesuskind. Die große Muttergöttin verwandelte sich in Maria, die Mutter Gottes.

Und vielleicht können wir auch heute noch, wenn wir in einer Kirche vor dem Bild einer Mondsichelmadonna stehen, unsere Herzen öffnen und mit unserem ganzen Sein lauschen, noch eine Stimme vernehmen, die leise zu uns spricht: "Ich bin Isis, die Mutter des Universums".

Hekate

Barbarina Boso:
Hekate, die Göttin der drei Wege

In der Hand eine lodernde Fackel, begleitet von einer Hundemeute, spazierte die Göttin Hekate in mondlosen Nächten durch die Straßen der Städte in Griechenland. An dreifachen Weggabelungen und Kreuzwegen machte sie Halt, um Opfergaben aufzuheben, die ihre Anhänger ihr dargebracht hatten. Als Nachtessen wurden der Wandlerin durch die Dunkelheit Knoblauchknollen auf Steinhaufen gelegt. Das sollte sie milde stimmen, galt der Knoblauch doch im Altertum als Mittel gegen den bösen Blick. Die Hexengöttin wurde angebetet, aber sie war auch gefürchtet.

Wo man in drei Wege schauen konnte, dort sollte sie verehrt werden, dort wurden ihr Altäre aufgebaut, dort rief man nach ihr, heulte und schrie nach ihr, flehte sie um Hilfe und Beistand an. Man sagte, sie könne in drei Richtungen gleichzeitig schauen, weil sie drei Köpfe hätte, den eines Pferdes, einer Schlange und eines Hundes. Das scheint uns jedoch zu abstrakt und gar nicht vorstellbar. Vielleicht ist es den Kindern des Altertums nur zur Abschreckung als Mär erzählt worden...

Als nächtliche Wanderin, mit zerzausten Haaren, wehenden Gewändern und bellenden Hunden, das Gesicht von flackerndem Feuerschein gespenstisch beleuchtet, ist sie uns näher. Kam diese alte vorolympische Göttin und Zauberin aus Thrakien? Es wird erzählt, sie lebte in dem sagenumwobenen Land Kolchis am Schwarzen Meer und sei die Tochter der Asteria gewesen, die zum vorhellenischen Göttergeschlecht der Titanen gehörte und

36

sich in eine Wachtel verwandelte, als Zeus sie vergewaltigen wollte. Hekate gilt als Mutter der Göttin und Magierin Medea.

Mythenforscher sind der Meinung sie habe eine geradezu patriarchalische Macht gehabt, ähnlich dem Zeus, denn sie vermochte den Menschen zu geben, zu nehmen und vorzuenthalten. Hekate war anscheinend auch Erdgöttin und Unterweltsgöttin, denn sie regierte nicht nur die Geister der Toten, sondern kümmerte sich um die in die Erde gelegte Hülle der wandernden Seelen. Wir können sie uns vorstellen mit einem Affodilkranz im Haar, denn : "Der Affodil ist eine Pflanze der elysischen Gefilde, der Insel der Seligen, sie grünet im Lande der Träume, umschwebt von den Luftgefilden der Manen (den guten Totengeistern)." Die zwiebelähnlichen Wurzeln des Affodils, (das Liliengewächs Asphodelus fistulosus), galt als Nahrung der Totengeister. Die Pflanze wurde als Symbol für das Weiterleben nach dem Tode angesehen.

Die alte Hexengöttin durchstreifte also, begleitet von ihrer bellenden Hundemeute, das nächtliche Land. Doch gehörten auch die Lamien und Empusa und Mormo zu ihrem gespenstischen Gefolge. Hekate hielt diese Geisterhorde jedoch meist fern von den Menschen, denn die sollten nicht unbedingt und ohne Grund erschreckt werden. Hekate schützte die Häuser und die darin wohnenden Menschen, wenn man sie darum bat. Es scheint, als fühlten sich gerade die Frauen zur alten Göttin hingezogen. So stellten die griechischen Frauen Bildnisse der Hekate vor die Haustür, sobald die das Haus verließen, um den auch ohne Hekate umherwandelnden Gespensterscharen anzuzeigen, daß hier Freundinnen ihrer Herrin wohnten, die man nicht mit Spuk und Neckereien ängstigen sollte.

Die Frauen versammelten sich bei Festlichkeiten zu Ehren von Hekate vor kleinen Tempeln, beteten sie an und hofften, die Göttin würde sie einweihen in das Wissen über Zaubermittel, Kräutermixturen und Rauschgetränke. Sicher wurden bei diesen Zusammenkünften auch Opfergaben dargebracht. Für Hekate vorzugsweise schwarze Hunde! Aber auch von schwarzen Lämmern und von schwarzen Sklaven steht geschrieben... Es heißt, Hekate verlieh all jenen ein magisches Wissen und übernatürliche Kräfte, die sie entsprechend verehrten.

Wenn gefeiert und gespeist wurde, stellte man die Reste des Mahls vor die Tür nach draußen für Hekates Meuten und Horden. Selbstverständlich zeigte man sich tolerant, sollten die Armen und Hungrigen zuerst zur Stelle sein, um sich zu laben.

Gab es wirklich einen Zauber- und Kräutergarten in Kolchis, der unserer Hexengöttin gehörte und in dem so viele Kräuter mit geheimnisvollen Wirkungsweisen wuchsen? Von der Päonie meint man zu wissen, daß sie ein Hexenmittel der Hekate gewesen sei. Die schöne Blume (Paeonia officinalis) diente als Heilmittel bei allen Krankheiten, die durch Behexung verursacht wurden, aber auch bei Wahnzuständen, Krämpfen und Epilepsie wurde sie eingesetzt. Homer erzählt uns sogar in seiner Ilias, daß die Wunden des Kriegsgottes Ares durch die Kraft des Krautes "Paeons" geheilt wurden. Wie bei der Alraune mußte auch bei dieser Pflanze darauf geachtet werden, daß man sie mit Bedacht ausgrabe, möglichst bei Nacht. Im Land Kolchis am Schwarzen Meer wuchsen auch viele Arten der überaus giftigen Herbstzeitlosen (Colchicum), die giftig wie Arsen sind und "das Feuer der kolchischen Hexen" genannt wurden. Hekate und Medea werden diese hübsche, im

Herbst blühende Zwiebelblume oder Blumenzwiebel sicher in ihre Zaubertränke gemixt haben. Um wen zu vergiften, zu verhexen, zu berauschen? Aber auch die Pflanze der Wollust wurde von Hekate im Garten gezüchtet, der Safran. Man sagte, überall, wo Juno und Jupiter sich der körperlichen Liebe hingaben und ihre wollüstigen Ausdünstungen die Erde befeuchteten, würde der Safran erblühen. Antike Brautbetten wurden deshalb vor der Hochzeitsnacht mit Safran bestreut. Hekate "im Safrangewand" wurde gerufen, um die Ehe zu segnen und fruchtbar zu machen. Laut Plinius war der Safran ein Allheilmittel, aber vor allem ein Aphrodisiakum: "Er bewirkt Schlaf, hat gelinde Wirkung auf den Kopf und reizt den Geschlechtstrieb."

Einer der berühmtesten Giftpflanzen im Altertum war der Schierling, auch er war der Hekate geweiht. Wir erinnern uns an den Schierlingsbecher, den der berühmte Philosoph Sokrates trinken mußte. Wie hat unsere Hexengöttin das Schierlingsgift verwendet und für wen? Selbst Belladonna, die Tollkirsche, die in Griechenland eigentlich nicht heimisch war, soll im Garten der Hekate gediehen sein. Im Altertum wurde auch diese Pflanze als Aphrodisiakum verwendet. Frische Beeren sollten die Gedächtnisleistung stärken und allgemein nahm man an, daß die Hexen die Tollkirsche für ihre Ränke und Liebesgetränke verwendeten, aber auch, um klarer zu sehen bei ihren wilden Ausflügen...Ausschweifungen?

Und immer wieder wird das Bilsenkraut in Zusammenhang mit Hekate genannt. Es soll das wichtigste antike Mittel zur Erzeugung einer Trance gewesen sein, man kannte es in Kolchis, in Thrakien, und auch den Kelten und Germanen war dieses "rasendmachende" Kraut bekannt. Auch Hekate wird es eingenommen haben, wenn sie orakeln wollte und mußte.

Was mag sich zugetragen haben bei den Feiern und Ritualen an und in den Tempeln bei der Anbetung und Herbeirufung dieser volkstümlichen Göttin mit ihren unheimlichen kreischenden Scharen und kläffenden Hunden? Haben die Frauen sich mit den der Hekate geweihten Pflanzen in Trance -und Rauschzustände versetzt, um die beschworene Göttin und ihre Orakelsprüche besser verstehen zu können?

Die Tempel waren meist quadratische Steinbauten mit einem Holzdach, das nach vorne vorgezogen war, um den Anbeterinnen einen trockenen Unterstand zu bieten. Nur Priester oder Priesterinnen durften das Tempelinnere betreten.

Um Hekate herbeizurufen, brauchte man in der Antike jedoch nicht immer einen Tempel. Es reichte ja, sich an eine Weggabelung zu stellen und in alle drei Richtungen nach ihr zu rufen, ja besser noch, zu schreien:

"Oh, Hekate, du alte faltige Hexengöttin mit all deinem Wissen!
Komm herbei in deinen wallenden Gewändern.
Bring Mormo und Empusa mit, die tobenden Wesen.
Vergiß nicht die Lamien, deine heulenden Geisterscharen.
Bezähme auch die bellenden Bestien und
stürme mit wehenden Haaren herbei.
Wirke für uns, ohne Zagen und Zaudern.
Mit deinem Zauber am Zippus. ¹) Hier, wo drei Wege sich
treffen, hier, wo die Opfer bereit sind, hier warten wir!
Auf dich, Hekate!"

---

1) Antiker Gedenkstein

Juno

Gerda Thiele
Juno, die Göttin der Frauen und römische Himmelskönigin

Wer an die hehre Juno des römischen Altertums denkt, sieht eine majestätisch wirkende, üppige Gestalt in weißem Marmor vor sich, das Ebenbild der griechischen Hera, treue Gemahlin des notorisch untreuen Jupiters. Doch die ältesten Darstellungen der Göttin vermitteln ein anderes Bild: auf Tempelfriesen trägt sie eine Kapuze, die aus dem Kopffell einer Ziege gefertigt ist, mit Ziegenhörnern auf dem Kopf, die Hufe baumeln vor der Brust, ihr Lächeln ist verschmitzt, eine bäuerliche Gottheit, die, so denkt man unwillkürlich, nach Ziegendung und Milch riecht.

Ursprünglich war Juno - so wie alle italischen Gottheiten - unverheiratet. Ihr Kult in Italien war weitaus älter als der des Jupiter: schon lange vor der indogermanischen Eroberung wurde sie von der altmediterranen, mutterrechtlich strukturierten Bevölkerung verehrt. Auch ihr Name leitet sich nicht, wie man lange Zeit angenommen hatte, von Jupiters Namen ab, sondern von "iuvenis", "jung". Sie verkörperte also von Anfang an eine jugendliche Gottheit. Bei den Etruskern wurde sie Uni genannt, und bereits zu etruskischer Zeit wurde sie mit der großen orientalischen Himmelsgöttin Astarte gleichgesetzt. Und sie hatte, ebenso wie Astarte, zugleich erschaffende wie zerstörerische Aspekte. Als Juno Sospita trug sie sogar deutlich amazonenhafte Züge, sie steht auf einem Streitwagen, trägt das Ziegenfell um sich geschlungen, schwingt einen Speer und hält in der anderen Hand den achteckigen, typisch bronzezeitlichen Schild - letzterer wieder ein Indiz für die mediterrane Herkunft der Göttin. Noch in der Aeneis - dem römischen Nationalepos Vergils - ist sie eine kriegerische Gottheit, und einen Großteil der Spannung gewinnt das Epos durch die Feindschaft Junos dem Helden Aeneas gegenüber: die "ira Junonis", der Zorn der Juno, war sprichwörtlich! Es handelt sich hierbei übrigens um den einzigen erwähnenswerten Mythos, der sich um Juno rankt und der sich außerdem stark an die griechische Mythologie anlehnt. Denn eine Besonderheit der römischen Religion war die fast völlige Mythenlosigkeit der Gottheiten, dem eine Überbetonung des religiösen Kults und der magischen Riten gegenüberstand. Die überlieferten Kulthandlungen und die Darstellungen der Göttin, ihre Beinamen und zahlreichen Attribute erlauben aber umfassende Rückschlüsse auf ihre mannigfachen Zuständigkeitsgebiete.

Ursprünglich war Juno, als Gottheit einer bäuerlichen Bevölkerung, vor allem für Fruchtbarkeit und Wachstum zuständig. Als Juno Capriota war sie die Göttin der Ziegenfeige, des wilden Feigenbaums. Jedes Jahr am 7. Juli wurden die Nonae Caprotinae gefeiert, bei denen die Frauen in Latium Zweige der Wildfeige schnitten und den austretenden weißen Saft, sinnigerweise "Feigenmilch" genannt, der Juno opferten. Da die Ziegenfeige zur recht komplizierten Bestäubung der veredelten Feigenbäume unentbehrlich war, versprach man sich von diesem Ritual eine gute Feigenernte. Doch ging Junos Zuständigkeit weit über den rein landwirtschaftlichen Bereich hinaus. Der Feigenbaum war eines der heiligen Attribute der großen Göttin, weit verbreitet nicht nur im Mittelmeerraum, sondern auch im Orient und in Asien. Die Feige selber war, neben dem Lotus, das Symbol für das weibliche

Geschlechtsorgan schlechthin. Und damit wird Juno auch zur Göttin für die Fruchtbarkeit der Menschen und für die weibliche Sexualität - dies war einer der Gründe, warum sie mit der freizügigen Astarte gleichgesetzt werden konnte.

Deutlich klingen diese Aspekte auch bei den Nonae Caprotinae an: Zunächst einmal handelte es sich um ein Fest der Frauen, ein besonderer Tag, an dem Egalität herrschte: die Sklavinnen kleideten sich wie freie Frauen und waren, für diesen einen Tag, ihnen gleichgestellt. Zum anderen waren die Nonae Caprotinae ein ausgelassenes Fest mit Jahrmarktcharakter, überall in der Stadt standen Buden aus Feigenzweigen, die Männer liefen lärmend umher und lieferten sich Scheingefechte mit den Frauen. Noch viel deutlicher aber wird der Fruchtbarkeitsaspekt bei den Lupercalia, einem ausschweifenden Fest, das noch im frühen Mittelalter gefeiert wurde - bis die Kirche es schließlich durch das brave "Mariä Reinigung" ablöste. Zentrum der Festlichkeiten war eine alte, wahrscheinlich einer altmediterranen Muttergottheit geweihte Kulthöhle, die "Wolfshöhle" Lupercal. Der Sage nach sollen hier Romulus und Remus - unter einem Feigenbaum - von einer Wölfin gesäugt worden sein. Zum Anlaß des Festes wurden Ziegen geopfert - doch stammt der Brauch aus animistischer Vorzeit und war so alt, daß schon zu römischer Zeit niemand mehr so recht wußte, welche Gottheit überhaupt in den Genuß des Opfers kam. Vermutlich galt es ursprünglich dem alten Fruchtbarkeitsgott Faunus, der gelegentlich mit Wölfen assoziiert wurde, möglicherweise aber auch der Göttin selber, deren heilige Tiere ja die Ziegen waren.

Die Felle der geopferten Tiere wurden von den Priestern, den Luperci, zu Riemen geschnitten - den sogenannten Junogürteln. Anschließend liefen sie durch die Straßen, bis auf einen Schurz aus Ziegenfell nackt, und schlugen mit den Fellriemen alle, die in ihre Nähe kamen. Junge Frauen, die sich ein Kind wünschten, stellten sich absichtlich in den Weg und entblößten sich vor den Priestern, um mit Junos Riemen geschlagen zu werden. Dieses frivole Fruchtbarkeitsritual soll, laut Ovid, ausdrücklich von der Göttin Juno selber angeordnet worden sein, und zwar mit den eher dunklen Worten: "Italische Mütter, ein heiliger Ziegenbock soll hineingehen!" Es mag sein, daß diese Anordnung in archaischen Zeiten etwas wörtlicher verstanden worden war, nämlich als Beischlaf mit dem bocksfüßigen Gott Faunus, dem römischen Pan.

Manche Wissenschaftler wundern sich über die sonderbare, etwas zweifelhafte Gesellschaft, in der die Göttin zuweilen dargestellt wird: Auf den schon erwähnten Tempelfriesen wechselt sich die Ziegengöttin Juno mit Darstellungen von Silenen ab, stets lüsterne Naturdämonen mit pausbäckigen Gesichtern und zottigen Bocksbeinen. Da Fruchtbarkeit und Sexualität zu den wichtigsten Aufgaben der wenig prüden Göttin gehörte, gibt diese Zusammenstellung aber durchaus einen Sinn.

Möglicherweise sind die lasziveren Elemente des Junokults in der patriarchalen römischen Zeit, besonders unter dem Einfluß der griechischen Mythen um Hera, etwas zurückgedrängt worden. Doch war es immer noch Juno Cinxia, die die Gürtel der jungen Frauen beim Entkleiden löste - auch wenn dies nach römischer Moralvorstellung nur im Beisein des Ehemanns zu geschehen hatte.

Als Juno Lucina wurde die Göttin noch in der heidnischen Spätantike um Fruchtbarkeit und glückliche Geburten angerufen. Der Beiname Lucina leitet sich her von römisch "lux", das Licht: Ursprünglich war sie eine Gottheit des lichten Himmels, die als Lucia in den Kanon der christlichen Heiligen aufgenommen wurde: Lucias Fest wird vielerorts immer noch im Dezember gefeiert, denn zu dieser Zeit zündete die Göttin Juno als Mädchengöttin erneut das Licht der Sonne an.

Ebenso brachte Juno Lucina die Säuglinge von der Dunkelheit des Uterus ans Licht. Ihr Tempel befand sich in einem heiligen Hain, der schon seit grauer Vorzeit der Göttin geweiht war und in dem zwei heilige Lotusbäume standen. Auf einer Darstellung sieht man Juno unter einem der Bäume stehen, sie hält eine brennende Fackel in der Hand und trägt ein Baby auf dem Arm. Frauen, die ihren Tempel betraten, lösten die Bänder aus den Haaren, die Gürtel und alle Schnüre aus ihrer Kleidung: Auch auf symbolischer Ebene durften sie keine Knoten und nichts Beengendes am Körper tragen, denn es hätte eine sichere Niederkunft gefährden können. Dieser Brauch beleuchtet die im Magischen verhaftete römische Religiosität, doch wurden die Riten sicherlich auch deswegen besonders penibel beachtet, weil Schwangerschaft für die Frauen des alten Roms eine große Gefahr bedeutete: Viele Frauen starben im Kindbett, die Fehlgeburtenrate war erschreckend hoch, desgleichen die Säuglingssterblichkeit.

Verlief die Geburt eines Kindes glücklich, so war es Brauch, der Göttin eine Woche lang ein weiteres Gedeck auf den Tisch zu stellen und sie zu bewirten, zusätzlich brachte man in ihrem Tempel ein Geldopfer dar.

Die Festlichkeiten der Juno Lucina, die Matronalia, fanden jedes Jahr am 1. März statt, denn an diesem Tag war ihr Tempel fertiggestellt worden - so lautete jedenfalls die offizielle Begründung. Doch scheinen die Matronalia viel älter zu sein als der Tempel. Der 1. März galt als erster Tag des alten römischen Jahres, außerdem wurde an diesem Tag der Geburtstag des Mars gefeiert. Dieser Kriegs- und Vegetationsgott galt als Sohn der Juno, den sie allein mit Hilfe einer Blume empfangen hatte. Juno, die Göttin des Lichtes, wurde also an ihrem Feiertag als allumfassende Schöpferin und als Gottheit des Frühjahrs, aber auch des Neubeginns im weitesten Sinne geehrt.

Die Matronalia waren ein reines Frauenfest, genauer gesagt: sie waren ein Fest der verheirateten Frauen - die Männer waren in der Zwischenzeit mit einem Tanzfest zu Ehren des Mars beschäftigt. Doch war es allgemeiner Brauch, daß sie an diesem Tag für die Gesundheit ihrer Frauen beteten, sie ein wenig verwöhnten und ihnen Geschenke machten. Denn Juno Lucina war nicht nur Göttin des Lichtes und der Geburten, sondern auch die Schutzgöttin der Frauen, speziell der Mütter. Ein weiteres Element der Matronalia, das in ähnlicher Weise bereits bei den Nonae Capriotinae zutage trat, war die rituelle Aufhebung der sozialen Grenzen, hier sogar eine Umkehrung der Standesrollen, denn an diesem Tag verköstigten die römischen Ehefrauen ihre Sklaven und Sklavinnen.

Auch an den Matronalia ging es ziemlich ausgelassen zu. Hierüber mokiert sich noch etwa 200 n. Chr. der Kirchenschriftsteller Tertullian, weil sich selbst seine christlichen Glaubensgenossen nicht das heidnische Fest verderben ließen, sich gegenseitig beschenkten und nur Sinn für Spiele und Feiern hatten.

Als Göttin der Frauen kümmerte sich Juno in besonderer Weise auch um die Ehe. So wurde Juno Pronuba, die Brautführerin, von jungen Mädchen vor der Hochzeit um eine glückliche Ehe gebeten. Und weil die praktisch denkenden Römerinnen keinen Bereich des Lebens ausließen, war Juno auch für weniger glückliche Ehen zuständig, nämlich in ihrer Eigenschaft als 'Göttin des Ehekrachs': Als Juno Viriplaca, Besänftigerin der Ehemänner, hatte sie einen eigenen Tempel auf dem Palatin, den zerstrittene Eheleute zur Aussprache aufsuchten.

Junos Wirkungsbereich als Frauengöttin war umfassend und ließ sich nicht auf Ehe- und Fruchtbarkeitsaspekte beschränken. Als Juno Fluonia beispielsweise wachte sie über die Regelmäßigkeit der Regelblutung. Es ist durchaus denkbar, daß sie in diesem Zusammenhang auch zur Verhinderung einer ungewollten Schwangerschaft angerufen wurde - man war im Altertum der Ansicht, ein Kind würde aus dem geronnenen Menstruationsblut der Mutter entstehen. Es wird noch später davon zu sprechen sein, inwieweit Juno ihrem Ursprung nach auch Attribute einer Unterweltsgöttin besessen hatte.

Als Göttin der Frauen, insbesondere als Göttin der Menstruation, wurde Juno seit alters her mit dem Mond assoziiert. Ihr waren die Kalenden eines jeden Monats geweiht, die Zeit des Neumondes. Ebenfalls in ihren Wirkungsbereich gehörten die Nonen, die jeweils fünf oder sieben Tage später lagen: denn als Juno Covella, als Göttin des "Hohlmondes", waren ihr die junge Mondsichel und der zunehmende Mond gleichermaßen heilig. Auch dies ist ein wichtiges Indiz dafür, daß sie als Göttin des Neuanfangs und des Werdens galt. Junos Eigenschaft als Mondgöttin ging so-

48

gar so weit, daß sie mit der Göttin Diana, zuweilen sogar mit Luna selber, identifiziert wurde: Prägnantes Beispiel hierfür ist der folgende Hymnus von Catull, der sich zugleich an Juno Lucina und an Trivia, die dreigestaltige Diana, richtet:

"Dich als Juno Lucina flehn die Gebärenden an im Schmerz,
Hehre Trivia, Luna auch mit entliehenem Lichte,
Die im Laufe der Monde du gibst das Maß für des Jahres
Bahn
Und den Bauern bis unters Dach füllst mit Früchten die
Scheune."
(Catull, Carmina)

Bemerkenswert ist, wie sich himmlische und irdische Bereiche, die in christlicher Tradition als Gegensätze gesehen werden, gegenseitig durchdringen und ergänzen. Der Mond wurde mit Fruchtbarkeit assoziiert, - eine weit verbreitete religiöse Überzeugung, die auf der zeitlichen Synchronizität von Mondphasen und Menstruationszyklus beruhte und aus matriarchalen Zeiten stammte. Daher brachte Juno als Mondgöttin irdische Fülle. Und ganz pragmatisch wurde der Mond als Himmelskörper begriffen, der das Jahr in Monate strukturiert: Juno galt somit als Herrin über den für eine bäuerliche Kultur unentbehrlichen Kalender - und damit letztendlich über die Zeit selber.

In späterer Zeit wurde die Göttin als Himmelsherrin Juno Caelestis verehrt: ihr Tempel stand an Roms höchster Stelle, einer Anhöhe des Kapitols. Ein Modellstück des Tempels in Form eines Marmorgiebelchens ist erhalten: Es zeigt Juno in thronender

Pose, auf einem Löwen - dem Sternbild des Hochsommers - über den Himmel reiten. Sie ist geschmückt mit einer Krone, hinter ihrem Kopf sieht man einen Stern aufleuchten - wahrscheinlich den Morgenstern, der auch der Astarte heilig war. Auch diese orientalische Schwester der Juno wurde zuweilen in derselben machtvollen Pose dargestellt: als Herrscherin des Firmaments auf einem Löwen reitend.

Es existiert eine Darstellung der Juno aus dem 5. Jahrhundert v. Chr., auf der sie den gleichen Kopfschmuck trägt wie die alte ägyptische Muttergottheit und Himmelskönigin Hathor - nämlich eine Fellkappe mit Kuhhörnern. Die Stilisierung der Juno als Kuhgöttin zeugt ebenfalls von ihrer frühen Verehrung als Große Mutter. Doch ist es durchaus wahrscheinlich, daß Juno bereits hier als Himmelsherrin dargestellt wurde: Auch Junos griechisches Pendant Hera war eine Göttin der Kühe, sie wurde die "Kuhäugige" genannt, und Hera war die Schöpferin des Universums: ein Schwall ihrer Milch bildete unsere Galaxie, die daher bis heute "Milchstraße" heißt. Nun ließe sich einwenden, daß Junos Gleichsetzung mit Hera erst relativ spät erfolgt war. Doch hatten beide Göttinnen dieselben kulturellen Wurzeln, und sie teilten dasselbe Schicksal: Denn auch Hera ist nicht immer die zänkische Gattin des Zeus gewesen. Sie war, wie Juno auch, eine altmediterrane Große Göttin, die ebenfalls von den patriarchalen Einwanderern im alten Griechenland usurpiert worden war.

Der Mythos von der göttlichen Himmelskuh war weitverbreitet und stammt noch aus mutterrechtlich geprägten Zeiten. Er wurde in ganz ähnlicher Weise von der ägyptischen Hathor berichtet: deren Körper bildete das Firmament, auf dem die Sterne funkelten, nach altem Verständnis die Seelen der Toten. Und hier schließt sich der Kreis, denn dieselbe Mythe wurde von Astarte berichtet, die seit frühester Zeit mit Hathor identifiziert wurde. Sowohl Astarte als auch Juno scheinen damit sowohl als Himmelsherrinnen als auch als Hüterinnen der toten Seelen fungiert zu haben.

Es spricht tatsächlich einiges dafür, daß Juno ursprünglich auch eine Göttin der Unterwelt war und auf umfassende Weise den Kreislauf von Leben und Tod repräsentierte. Und dies erscheint nur folgerichtig: denn eine Göttin, die die ungeborenen Kinder ans Licht führte, mußte auch im Dunkel zu Hause sein. Das Fest der Lupercalia, von dem bereits die Rede war, hatte daher nicht nur einen Fruchtbarkeits-, sondern auch einen Todes- bzw. Wiedergeburtsaspekt. Es lag inmitten einer Folge von Festtagen, die den Toten gewidmet waren. Die Kulthöhle Lupercal, von der aus der Festzug seinen Anfang nahm, galt als Eingang zur Unterwelt. Hier spielte sich jedes Jahr eine sonderbare Prozedur ab: Junge Männer wurden auf der Stirne erst mit Blut, dann mit Milch bestrichen, woraufhin sie auflachen mußten. Mit hoher Wahrscheinlichkeit handelte es sich hierbei ursprünglich um die rituelle Imitation von Tod und Wiedergeburt, die den eigentlichen Fruchtbarkeitsriten vorausging.

Es gibt eine weitere Kulthöhle in Lanuvium, in der Juno als Erd- und Unterweltsgöttin verehrt wurde. Diese Höhle beherbergte eine heilige Schlange, die einmal im Jahr von einer Jungfrau mit Gerstenkuchen gefüttert wurde. Nahm die Schlange das Opfer an, war für das laufende Jahr eine reiche Ernte gesichert.

51

Die Schlange war die häufigste und allerälteste Begleiterin der Großen Göttin im Mittelmeerraum und galt wohl schon in der Bronzezeit als Erdgeist mit sehr ambivalenten Zügen. Sie verkörperte todbringende dämonische ebenso wie segenspendende und erotische Aspekte. Die Schlange als Attribut zeichnet daher Juno als Göttin aus, die ehemals Macht über Leben und Tod hatte. Anklänge an diese dunkleren Elemente, die ursprünglich ebenfalls zu ihrem Kult als Erdgöttin gehört haben mußten, wurden im archaischen Fruchtbarkeitszauber von Lanuvium bewahrt.

Wir wissen vom alten Cato, daß auf dem Land jedes Jahr vor der Ernte die Gottheiten Jupiter, Janus, Ceres und Juno mit Opfern geehrt wurden. In der Stadt aber geriet der tiefere Sinn bäuerlicher Fruchtbarkeitsrituale in Vergessenheit. Das Schlangenopfer von Lanuvium war aus diesem Grund schon in der römischen Kaiserzeit zur Touristenattraktion herabgesunken. In Rom selber aber wurde Juno zur Hüterin eines ganz anderen Reichtums: in einem ihrer Tempel auf dem Kapitol befand sich nämlich die römische Münzprägestätte.

Dieser Tempel war der Juno Moneta geweiht, und von ihrem Beinamen leiten sich die Wörter "money" und "Moneten" ab. Weniger durchsichtig ist die ursprüngliche Bedeutung des Beinamens. Höchstwahrscheinlich hängt er etymologisch mit "monere", "mahnen", zusammen. In ihrer Funktion als Mahnerin soll sie die Römer vor den Folgen eines schlimmen Erdbebens bewahrt haben, indem sie die Opferung einer trächtigen Sau anordnete. Eine zweite Legende weist in dieselbe Richtung. Auf dem Kapitol wachten Junos Gänse. Diese Tiere waren ihr so heilig, daß sie selbst bei Hungersnöten von der Bevölkerung nicht angetastet wurden. Sie sollen eines Nachts durch lautes Schnattern die Bevölkerung gewarnt und so das Kapitol vor einem Angriff der Gallier gerettet haben.

Sicherlich war die Anwesenheit der Gänse einer der Gründe dafür, warum die umsichtigen Römer ihre Münzen ausgerechnet in Junos Tempel prägen ließen: diese Tiere sind bekanntlich gute Wächter. Doch liegt ein zweiter Grund ebenso nahe: Die Gans war der Juno heilig, weil sie eine Reihe ihrer wichtigsten Zuständigkeitsbereiche repräsentierte: Sie galt als Symbol für eheliche Liebe und Treue einerseits, andererseits aber auch für Wohlstand, Reichtum und Nahrung. Letzteres dürfte der Grund dafür gewesen sein, daß gerade an Junos Kultstätte Geld hergestellt wurde: man erhoffte sich von ihr Segen und Schutz für die Münzen und letztendlich auch den Beistand der Göttin beim Gedeihen der staatlichen Geldgeschäfte. Es ist im übrigen sehr wahrscheinlich, daß Juno Moneta in späterer Zeit auch von der römischen Bevölkerung um finanziellen Wohlstand angerufen worden ist.

Die Gans als heiliges Tier der Juno wurde seit der Kaiserzeit mehr und mehr durch den glamouröseren Pfau verdrängt, der auch zu Heras Begleittieren zählte. Dieses königliche Attribut wurde einer Göttin verliehen, die als Juno Regina, als göttliche Königin also, im römischen Staatskult eine gewichtige Rolle spielte. Diese Entwicklung war nicht zufällig und beruhte einerseits auf griechischem Einfluß, andererseits stand sie in guter römischer Tradition. Juno galt nämlich als Stadtgöttin einer großen Anzahl italischer Ortschaften und als populäre Beschützerin des Volkes.

Im zentralen Heiligtum auf dem Kapitol verehrte man Juno Regina als eine Hauptgottheit des römischen Pantheons. Zusammen mit Minerva und Jupiter gehörte sie zur göttlichen Trias, die seit etruskischer Zeit hier ihre Kultstätte hatte. Doch darf man sich über die Stellung der Göttin im patriarchalen Rom keine Illusionen machen: Es war Jupiter, der im Zentrum der Anbetung stand und dessen Standbild von den beiden Göttinnen flankiert wurde. Und so wurden zwar die alten einheimischen Göttinnen in den Staatskult erhoben, gleichzeitig aber ihrer ursprünglichen Machtfülle beraubt und zu Attributen Jupiters herabgewürdigt. Diese Tendenz spiegelt sich in der römischen Priesterschaft wider, in der es fast keine Priesterinnen gab. Einzige Ausnahmen waren die Vestalinnen und die Ehefrauen der wichtigsten Staatspriester. Die Flaminica, Frau des höchsten Priesters im Dienste Jupiters, war zwar der Juno heilig - aber als Priesterin der Göttin galt sie nicht.

Trotz männlicher Vorherrschaft konnte man aber auch im staatlichen Junokult nicht ganz auf Frauen verzichten. Juno, die immer eine Göttin der Frauen gewesen war, mußte selbst bei römischen Staatskrisen von Frauen um Hilfe gebeten werden: Neun mal neun Jungfrauen, manchmal auch Ehefrauen, unternahmen dann auf Anordnung des Priesterkollegiums eine Prozession zu Ehren der Göttin. Als zum Beispiel im Jahr 207 v. Chr. ein Blitz in den aventinischen Tempel gefahren war, mußte Juno Regina im Auftrag der Priester versöhnt werden. Zu diesem Zweck sangen 27 Jungfrauen in weißen Gewändern ein Lied für die Göttin und stampften den Takt mit den Füßen dazu. Hiervon berichtet Livius, der leider den Liedertext so volkstümlich und schlecht fand, daß er ihn der Nachwelt verschwiegen hat.

Sicherlich waren Frauen in Junos Kult unverzichtbar, weil die Göttin selber das Wesen der Frauen repräsentierte. Und hiermit ist ausdrücklich nicht irgendein schwammiges ewigweibliches Ideal, sondern das individuelle Wesen jeder einzelnen Frau gemeint. Die Göttin trug nämlich nicht nur verwirrend viele Beinamen, es gab darüber hinaus tatsächlich so viele Junones, wie es Frauen gab: Denn so wie jeder Mann seinen Genius hatte, hatte jede Frau eine eigene kleine Juno, eine lebensspendende Macht, die sie führte und beschützte. Hiervon leiten sich bis heute unsere Schutzengel her, doch anders als diese waren sie keine himmlischen Begleiter.

Die individuelle Juno repräsentierte zugleich eine überpersönliche Macht wie auch die Lebenskraft der einzelnen Frau, sie kam mit ihr auf die Welt und verschwand mit ihrem Tod. Daher nannte man sie auch Juno Natalis, Juno der Geburt, denn der Geburtstag der Frau war ihr Festtag. An diesem Tag wurde ihr Weihrauch, Brot und Wein geopfert. Wie intim und persönlich das Verhältnis einer Frau zu ihrer Juno sein konnte, zeigt ein Gedicht des Tibull, in dem das Mädchen Sulpicia ihre persönliche Göttin in einer pikanten Liebesangelegenheit um Hilfe bittet:

"Du aber gib, o Heilige, daß nichts die Liebenden trenne!
Ich bitte Dich, binde den Jüngling mit gleicher Fessel an sie!
(...)
Möge kein lauernder Späher die Liebenden überraschen;
Tausend Wege der Täuschung lehre sie Amor!"
(Tibull, Carmina IV)

Es ist schon häufig die Frage gestellt worden, welche Juno historisch gesehen wohl zuerst da war, die Große Göttin oder die kleine Juno Natalis. Doch vielleicht haben die Römerinnen selber zwischen beiden Erscheinungsformen gar keinen so großen Unterschied gemacht? Vielleicht war es für sie immer dieselbe Juno, die Göttin der Frauen, an die sie sich in allen Belangen ihres Lebens wenden konnten, seien sie noch so intim, trivial oder geheim? Und vielleicht sogar stammt die Namensgleichheit der Großen Göttin und der kleinen Junones aus einer Zeit, in der man wußte, daß das Irdische heilig ist und in der es die Frauen selber waren, die die Himmelskönigin Juno repräsentierten.

Freya

Barbarina Boso:
Freya, die Lieblingsgöttin der Nordländer

Der sechste Tag der Woche ist der Freitag. Er wurde nach der beliebtesten und bekanntesten Göttin der nordischen Völker benannt: Freya. An diesem Tag zu heiraten - zu freien- brachte besonderes Glück für das Brautpaar. Der "Freia-Tag" galt allgemein als Tag der Liebe und der Zärtlichkeit, des Vergnügens, der Jagd, der Familienfeste. Erst zu Zeiten der Christianisierung wurde daraus der Kreuzigungstag Jesu.

Diese schönste aller Göttinnen war Unterwelts- Liebes- und Erdgöttin zugleich. Sie verkörperte den großen Schoß der Erde, die Fruchtbarkeit. Bei ihr war man aufgehoben, fühlte sich geborgen und beschützt. Liebende Paare standen unter ihrem besonderen Schutz.

Als Himmelskönigin verehrt, durchzog sie das Firmament mit einem Wagen, von Katzen gezogen, die ein feuerrotes Fell gehabt haben sollen. Niemand durfte einer Katze auf der Erde ein Leid antun, denn sie waren Freyas Glücksbotinnen. Wenn an einem Hochzeitstage die Sonne schien, soll es geheißen haben: "Sie haben die Katzen gut gefüttert." Und wenn es regnete und stürmte, zeigte sich Freya beleidigt, da ja wohl "die Katzen nicht gefüttert worden sind." Doch auch der Schwan war ihr heilig. Als Totengöttin, die über die gefallenen Kriegerseelen wacht, wird sie häufig "im Schwanenhemd" oder im schwanenfeder-besetzten Umhang dargestellt. Seither gilt der Schwanengesang als Sterbegesang der Todgeweihten.

58

Es wird sogar erzählt, daß sie ebenfalls auf einem Eber mit goldenen Borsten ritt, von dem man sagte, er sei ihr Bruder Freyr, der Fruchtbarkeitsgott. Aus der Liederedda geht hervor, daß Freya wohl zeitweilig die Geliebte ihres Bruders Freyr war. Das schien bei den Wanen noch durchaus üblich zu sein! Loki, der Gauner-Gott mit dem schändlichen Maul, wirft ihr in der Lokasenna, 30-33, vor:

"Schweig doch Freya!
Zuviel von Dir weiß ich,
kein Fehl ist Dir fremd:
mit den Asen und Alben
hast Du allen gebuhlt,
die im Saal hier sind.
(...)
Eine Frevlerin bist Du
und mit Argem angefüllt
da beim Bruder Dich ertappten
die trauten Gebieter."
(...)

Freya wird diese freche Anmache verkraftet haben! Wie die griechische Göttin Persephone entzog Freya sich in den Herbst- und Wintermonaten der Erde. Mutter Erde trauerte um sie, die Bäume verloren ihre Blätter, die Pflanzen und Blumen vergingen und das Land trug einen Trauerflor, den Schnee. Durch Freya verstanden die Germanen den Rythmus des Lebens auf der Erde.

Dem Wanengeschlecht angehörend, wohnte sie in Asgard, der Wohnstätte aller Götter der nordischen Mythologie. Ihr Besitz hieß Folkwang "Feld des Volkes", und ihr riesiger Palast wurde

Sessrumnir genannt, "Raum mit vielen Sitzen". Wozu braucht sie diesen großen Palast? Im Grimnirlied aus der Edda heißt es:

"Folkwang heißt es,

Freya waltet

dort der Sitze im Saal;

Tag für Tag

Kiest sie der Toten Hälfte,

Doch die andere fällt Odin zu."

Freya durfte zuerst die Toten der Schlachfelder auflesen, "kiesen", dann erst war ihr Gemahl Odin, der Kriegsgott, an der Reihe. In Sessrumnir nahm sie also die Geister der Toten auf und gab ihnen Platz und Raum. Dort wurden sie getröstet und bewirtet. Freya und Odin standen die Walküren zur Seite, um die gefallenen Krieger und Kriegerinnen auszuwählen, zu küren. Mit Schild und Helm gerüstet, überflogen diese Totendämoninnen auf Pferden oder Wölfen die Kampfstätten und sollen auch selbstherrlich in das Geschehen auf den Schlachtfeldern eingegriffen haben, um den Ausgang eines Krieges mitzubestimmen. Walküre bedeutet Totenwählerin, und, während ein Teil der Walküren die dahingeschlachteten Kämpfer mit Freya auswählten und nach Folkwang begleiteten, führten die dem Odin zugehörigen Totenwählerinnen die Toten nach Walhalla, der Heimstatt Odins. Es steht geschrieben, daß es zwei Arten von Walküren gegeben haben soll: die Göttlichen und die Sterblichen, und einige der martialischen weiblichen Dienerscharen sollen sehr mitfühlende Herzen gehabt haben.

Aber nicht nur die Geister der Krieger und Kriegerinnen fanden Platz im geräumigen Sessrumnir der Freya, es gab auch Hinweise (z. B. in der Egilsaga), daß Frauen, wenn sie ihr Lebensende spürten, jegliche irdische Nahrung verweigerten, weil sie ja bald bei Freya im Sessrumnir göttlich speisen würden.

Unsere schöne Göttin Freya, die gütig wie eine Zauberfee ihre liebenden Glückskinder beschenkt, die sie anflehen und ihr Gaben bringen, stammt aus dem Göttergeschlecht der Wanen.

Diese alten und friedvollen germanischen Gottheiten herrschten vor den Asen, die wir eigentlich besser kennen. Das Asengeschlecht war sehr kriegerisch, und so mußte es zum Krieg kommen, der natürlich um Gold geführt wurde. Er wird als der erste Krieg auf der Erde bezeichnet. Freya wechselte mit ihrem Bruder Freyr und ihrem Vater Njörd zu den Asen über. Sie wurden alle drei zu hochverehrten Gottheiten der Fruchtbarkeit, des Reichtums und des Glücks. Die Wanen galten als ein besonders weises und seherisches Geschlecht mit herausragenden Fähigkeiten zu Weissagungen, Zauberkünsten und Heilbeschwörungen. Die Asen hatten es erkannt und lernten schnell die Kunst des "Seid" von Freya. Auch Odin, der ein großer weiser Schamane unter den Asen war, soll seine gesamte Heilkunst und Magie von Freya gelernt haben. "Seid" bezeichnet das Kochen und Sieden von Heilkräutern in großen Kesseln und Tiegeln.

Wir können uns gut vorstellen, wie Freya mit wehenden goldblonden Haaren und flatterndem Gewand an ihrem riesigen brodelnden Kessel steht und Zauberformeln murmelnd mit einem geweihten Stab den aromatisch duftenden Sud umrührt. Sicher ist der Rührstab ein frisch gebrochener Zweig eines geweihten Baumes, der Birke oder der Esche vielleicht. Um den Hals trägt sie ihren kostbaren Schmuck, genannt Brisingamen. Dieser kostbare

Halsschmuck ist von vier Zwergen angefertigt worden, die ein Kunsthandwerk betreiben. Aus purem Gold und mit zauberkräftigem Bernstein besetzt, wird der Brisingenschmuck auch immer wieder in der Edda besungen.

Ihre roten Katzen ruhen schnurrend auf einem sonnengewämten Stein ihres Anwesens Folkwang. Die gleißenden rötli-

Der Anhänger aus Schweden aus der Wikingerzeit, der die Zwillingsschwester von Frey, die Göttin Freyja, darstellt, verkörpert eine Gestalt von großer Lüsternheit und Schönheit; um die Schultern trägt sie das berühmte Brisingamen, das Halsband, das von Zwergen für sie hergestellt wurde.

omo Edel:

rsula: sächsische Bärengöttin und katholische ärtyrerin

Elf Flammen zieren auch heute noch das Kölner Wappen. Sie innern an das Martyrium der Heiligen Ursula und ihrer elftau- nd Jungfrauen vor den Toren der Domstadt. Ursula ist die Stadt- tronin Kölns und eine in aller Welt verehrte katholische Heili- . Doch hinter dieser Heiligen verbirgt sich mehr, als man auf m ersten Blick vermutet. Ursula war nicht nur eine der ersten glerinnen, sie ist auch die Patronin der Lehre für Frauen. Darü- r hinaus lassen sich aufgrund ihres Namens, der ihr zugeschrie- enen Attribute und ihres Feiertages deutliche Bezüge zu Göttin- en anderer Kulturen aus vorchristlicher Zeit herstellen.

Die christliche Legende erzählt von der britannischen Königs- chter Ursula, die nicht nur sehr schön, sondern auch außerordent- ch klug war. Sie lebte ungefähr im Jahr 200 n. Chr. in Britannien nd hatte ihr Leben und ihre Jungfräulichkeit Gott geweiht. Ihre ltern waren damit einverstanden, sie nicht zu verheiraten. Wegen hrer großen Schönheit wurde sie jedoch von Aetherius, dem Sohn es Heidenkönigs Conan, zur Frau begehrt. Sein Vater stellte der chönen Jungfrau ein Ultimatum: Hochzeit oder Krieg.

Ursula erschien im Traum ein Engel, und sie willigte unter en folgenden drei Bedingungen scheinbar in die Eheschließung in: Als erstes müsse sich Aetherius taufen lassen. Zweitens soll- en sie mit der Hochzeit noch drei Jahre warten, in dieser Zeit sollte der Bräutigam im christlichen Glauben unterwiesen wer- den. Während sie drittens mit zehn weiteren Frauen eine Weltrei- se machen würde.

chen Strahlen der Abendsonne lassen Freyas Halsgeschmeide wie goldenen Honig aufleuchten und ihr Antlitz warm erstrahlen. Aber die anmutige, "tränenschöne" Göttin weint.

Weint sie um ihren Geliebten? Sie hatte so viele Liebhaber. Welcher ist es, der ihr verloren ging und den sie mit Zauber- schwüren zurückgewinnen will? Ihre Goldtränen werden in den Kessel fallen und den Kräutersud, den "Seid", besonders wirksam machen. Es wird von Odur erzählt, dem schönsten aller sterbli- chen Männer, den sie liebte wie keinen anderen. Er war ein Mei- ster der Dichtkunst und zog aus, um den Menschen, seinen Brü- dern, die Poesie zu bringen. Freya, du hast an allen Menschenor- ten versucht, ihn zu finden, hast dir andere Namen gegeben und verschiedene Gestalten angenommen, wurdest zum lieblichen Kind, zur schrulligen Alten, zur borstigen Sau.

Du hast ihn nicht finden können, welche Verkleidung Du auch annahmst. Und niemals wird er wiederkehren, Dein geliebter Odur!

Das Feuer prasselt unter Deinem Seidkessel. Soll es denn ein Liebestrunk werden? Die Kraft und Macht der Liebe, die uns wie ein Rausch befällt und uns allen Unbill dieser Welt vergessen läßt, erlangen wir mit Deinem Seidtrunk. Gib uns auch einen Schluck, Göttin. Unsere Liebessehnsucht ist so groß und wird nie gestillt. Die Ekstase der Weltvergessenheit im Kuß und in der lei- denschaftlichen Umarmung wollen auch wir verspüren!

Ach, Göttin, Du hörst unser Bitten gar nicht, so verzagt scheinst Du. Wird es denn gar doch ein ekliges bitteres Giftge- bräu für einen Racheakt?

Hör doch auf, in der Zauberbrühe zu rühren, Freya! Du wirst einen anderen Liebhaber finden. Es ist wohl so, wie der gehässige

Loki es Dir vorwirft! Du liebst die Liebesabenteuer. Und hast Du Dich nicht auch schon mit ihm gepaart, obwohl er Dir einst Deinen kostbaren Bernsteinschmuck raubte? Es soll kein Vorwurf sein! Du bist schließlich die Göttin der Liebe! Du nimmst nicht jeden, das ist wohl wahr. Den Riesen Thrym wolltest Du nicht:

Thor, der Donnergott der Asen, verlor eines Tages seinen Donnerhammer an Thrym. Dieser wollte den Hammer aber nur wieder hergeben, wenn er Dich, die schöne Göttin Freya, zur Frau bekäme. Im Thrymlied heißt es:

> *"Sie schritten hin*
> *zur schönen Freya*
> *und also war*
> *sein erstes Wort:*
> *"Binde Dich, Freya mit Brautlinnen?*
> *Wir reisen zu zweit nach Riesenheim!"*
> *Grimm ward da Freya,*
> *grollend schnob sie,*
> *der ganze Saal der Götter bebte,*
> *hin sprang der breite Brisingenschmuck:*
> *"Die mannstollste*
> *müßte ich sein,*
> *reist ich mit Dir*
> *nach Riesenheim."*

Weine keine kostbaren Goldtränen mehr in den Kräuterkessel! Tröste Dich, Du hast doch zwei wunderschöne Töchter! Heißen sie nicht Hnoss "Kleinod" und Gersimi "Schatz"? Sind es denn keine wohlgeratenen Kinder, vom gesamten Asengeschlecht gerühmt wegen ihrer unerreichbaren Schönheit? Du kannst stolz auf sie sein!

Besitzt Du nicht neben Deinem Schwane ein anderes Federkleid, das Falkengewand? Lc es doch schon oft von dir ausgeliehen, wenn sie rige Dinge in der Götterwelt zu regeln hatten. D Falkengewand ist auf wunderbare Weise auf : Streife Dein Federkleid über, fliege und besuch in ihrem Bergpalast Thrymheim - die Frau Dei Vielleicht kann sie Dir raten. Oder hast Du größ bist Du plötzlich so aufgebracht und erregt und v kenstab in hohem Bogen von Dir fort? Es ist woh ter scheint, für andere zu wirken und zu zaubern : Wem weinst du nach? Wer erwidert deine leiden: nicht? Willst Du ihm schaden, ihm einen bösen ? Nein, Du möchtest ihn sicher zurück haben. Ist es oder gar wieder ein weltlicher Mann, dem Du Dein hast? Aber wenn er nun eine andere liebt? Dann i chen, da hilft auch kein Zaubertrank. Laß es Di schenkindern sagen! Liebe kann man nicht erzwin ben wird sie nie. An anderer Stelle wird die Liebes:

Oh, Göttin, bei all deinem Kummer vergiß brauchen Dich auf der Erde. Spann Deinen Katzer merkst Du denn nicht, daß Deine Lieblingstiere un Wir hilflosen Menschen auf dieser Erde, wir brauc ling und die Liebe. Laß beides für uns sprießen, Fre den Apfel beißen und die "andere Welt" kennenler

Unsere Freude über dein Erscheinen wird auc den lassen.

Ursula

Aetherius willigte ein. Die Schiffe wurden gebaut und Ursula lernte mit ihren Freundinnen segeln. Eine jede von ihnen erhielt tausend Jungfrauen als Begleitung, und alsbald machte sich die Frauenflotte mit elf Schiffen von Britannien aus auf den Weg und umsegelte die Welt. Kurz bevor die vereinbarte Frist abgelaufen war, gerieten sie auf der Nordsee in einen Sturm und wurden vom Wind den Rhein hinaufgetrieben, wo sie bis Köln segelten. Dort erschien Ursula wiederum ein Engel im Traum, der ihr auftrug, eine Wallfahrt nach Rom zu machen.

Folglich segelte die Frauenflotte bis Basel, überquerte von dort aus zu Fuß die Alpen und wanderte weiter nach Rom. In Rom wurden die Frauen von Papst Cyriacus getauft, der von ihnen so hingerissen war, daß er den Papststuhl verließ und die Jungfrauen auf ihrer Rückreise begleitete. Weitere Kardinäle und Erzbischöfe schlossen sich der Jungfrauenschar unterwegs an, und sie wanderten gemeinsam zurück nach Basel. Dort setzten sie ihre Reise mit dem Schiff fort. Bei Mainz stieß auch der verliebte Aetherius, der im Mainzer Dom getauft wurde, zu ihnen. Doch die harmonische Reise endete abrupt. Als die Flotte Köln erreichte, wurde sie von den Hunnen, die schon seit Wochen die Stadt belagerten, überfallen.

Alle Jungfrauen wurden ermordet, nur Ursula, Aetherius und Cordula blieben zunächst verschont. Es heißt, daß die Hunnen bei Ursulas Anblick, von ihrer Schönheit geblendet, in ihrem Gemetzel innegehalten hätten. Der Hunnenfürst begehrte sie zur Frau, und als sie sich ihm verweigerte, richtete er sie mit einem Pfeil hin. Aetherius wurde mit dem Schwert getötet und Cordula am nächsten Tag erschlagen. Daraufhin kam eine himmlische Schar von elftausend Engeln herab und verjagte die Hunnen. Ursula wurde daraufhin zur Schutzpatronin Kölns erhoben. Die dankbare Bevölkerung errichtete ihr und ihren Jungfrauen an ihrer Todesstätte eine Kirche.

Soweit die Legende. Der erste und einzige geschichtliche Beleg für einen Jungfrauenkult in Köln ist die Clematius Inschrift in der Basilika der St. Ursula Kirche zu Köln. Darin heißt es, daß Clematius einem Gelübde folgte und an der Stelle, "wo die Heiligen Jungfrauen für den Namen Christi ihr Blut vergossen haben" eine neue Kirche über einer zerstörten alten Basilika errichtet habe. Diese Inschrift wird auf das 4. bis 5. Jahrhundert n. Chr. datiert. Die Hunnen belagerten Köln jedoch erst um 430 n. Chr., weshalb sich die Legende historisch nicht belegen läßt. Das war auch den Schreibern des Mittelalters bewußt. In einer Version der Legende von 1263 erwähnt der unbekannte Verfasser dieses Problem und verlegt die Ereignisse der Legende kurzerhand von 238 in das 5. Jahrhundert.

Erste schriftliche Belege für die Ursula-Legende gibt es ab dem 9. Jahrhundert. Aber in dieser Zeit wird der Kölner Jungfrauenkult in zahlreichen Handschriften, Kalendern und Litaneien erwähnt. Zu diesem Zeitpunkt taucht der Name "Ursula" jedoch noch nicht auf. Als Führerin der Jungfrauen wird Pinnosa genannt. Auch die Zahl der Jungfrauen ist anfangs noch nicht genau definiert, obwohl relativ früh von der Zahl elf die Rede ist. Erst um das 10. Jahrhundert herum wird die Zahl auf elftausend festgelegt und Ursula an ihre Spitze gesetzt.

Daß aus den elf Jungfrauen später elftausend wurden, könnte jedoch auf einen Lesefehler mittelalterlicher Handschriften zurückgehen, wo aus der Abkürzung XI M.V. anstelle von XI

Martyres Virgines (=11 jungfräuliche Märtyrerinnen) XI milia virginum gelesen wurde, also elftausend Jungfrauen.

Die Tatsache, daß sich die Legende nicht durch historische Belege abdecken läßt, tat der Anbetung der heiligen Ursula jedoch keinen Abbruch, und sie wurde schon bald in ganz Europa verehrt. Sie galt als Patronin der Jugend und der Lehrwürde. Die Universitäten von Wien, Paris und Coimbra ernannten sie zur Schutzpatronin, sogar in Island wurde ihr eine Kirche geweiht. Auch die Virgin Islands in der Karibik wurden 1493 von Kolumbus nach der heiligen Ursula und ihren Gefährtinnen "Las Islas Virgines" genannt. Man rief Ursula als Helferin in der Todesstunde, zur Bewahrung vor dem Fegefeuer, an. Auch Eheleute Lehrerinnen und Tuchhändler wandten sich mit ihren Sorgen an die tapfere Jungfrau.

Die Ursula Begeisterung wurde noch verstärkt, als man im Jahre 1106 bei Arbeiten zur Erweiterung der Kölner Stadtmauer vor der Kirche St. Ursula auf ein riesiges Gräberfeld aus römischer Zeit stieß. Schnell wurden diese Gebeine als Beweis für die Richtigkeit der Legende bewertet und ager ursulanus, "das Feld der Ursula", getauft. Störend war nur die Tatsache, daß sich auch Männer- und Kindergebeine unter den vermeintlich toten Jungfrauen befanden. Da halfen die Visionen der Mystikerin Elisabeth von Schönau, der in Träumen die Geschichte von Papst Cyriacus und den Bischöfen, die sich der Jungfrauenschar anschlossen, offenbart wurde. Folglich wurde die Legende den neuen Verhältnissen entsprechend in die eingangs erwähnte Version verändert, und es hieß nun, daß auch Männer den Zug der Jungfrauen begleitet hätten.

Die Ausgrabungen der Gebeine wurden von den Benediktinermönchen aus Köln-Deutz geleitet. Diese versahen die Gebeine mit "tituli", Namenstafeln, und ein schwunghafter Reliquienhandel begann. Die Schädel wurden zu Hunderten verkauft. Das führte zur Anfertigung von Reliquiaren, geschnitzten Holzbüsten, in denen die Schädel und Knochen aufbewahrt wurden. Der Verkauf der Reliquien uferte derart aus, daß Papst Binifatius IX. ihn gegen Ende des 14. Jahrhunderts verbot.

Auch heute noch kann man über hundert dieser Reliquiare mit dem sogenannten "kölschen Lächeln" in der Goldenen Kammer der St. Ursula Kirche zu Köln bewundern. Wenn man diese Kammer, die im Volksmund auch als "Schreckenskammer" bezeichnet wird, betritt, schwankt man zwischen Staunen und Gruseln. Selig lächelnde Holzbüsten füllen die Kammerwände, umrahmt von vergoldeter Holzschnitzerei, und kleinen Fächern, in denen ebenfalls Schädel ruhen. Ein Ornament aus Menschenknochen schmückt die Wände bis unter die Decke.

Ursula wurde jedoch nicht nur angebetet. Ihr zu Ehren wurde im Jahre 1535 der Ursulinen-Orden durch Angela Merici aus Brescia gegründet. Sie war Mitglied einer Laienbewegung und überaus weltoffen. Menschen aller Schichten und Stände suchten bei ihr Rat.

Sechzigjährig gründete sie, die "mater et magistra", die Gesellschaft der heiligen Ursula, mit achtundzwanzig Frauen, die sie "Töchter" nannte. Diese Zahl entspricht interessanterweise dem Mondzyklus, was eine Verbindung zur Mondgöttin Isis darstellt. Alle Töchter (unter denen sich auch Witwen befanden) gelobten die immerwährende Jungfräulichkeit, Armut und vollkommenen Gehorsam. Da es sich um eine Laienbewegung handelte, konnten die Frauen in ihren Familien weiterleben. Sie sollten die Außenwelt durch ihr vorbildliches Verhalten überzeugen.

Als Leitsatz gab ihnen Angela Merici, die erst 1807 von der Kirche heilig gesprochen wurde, obwohl sie schon viele Jahrhunderte lang eine Heilige des Volkes war, folgende Worte mit auf den Weg: "Ich bitte euch sehr, bemüht euch, eure Mädchen mit Liebe an euch zu ziehen und sie mit sanfter und milder Hand zu führen, nicht gebieterisch oder mit Härte. Das heißt ja, Seelen befreien, wenn man den Schwachen und Schüchternen Mut macht, sie mit Liebe zurechtweist, allen durch das Beispiel predigt und ihnen die große Freude verkündet, die ihnen dort oben bereitet ist."

Die Gesellschaft der heiligen Ursula sollte besonders der Betreuung und Erziehung von Mädchen dienen, denen sie in den Zeiten des moralischen und sittlichen Verfalls einen religiösen Halt geben wollte. Um Mädchen und verwahrloste Kinder, die sie auf der Straße aufsammelten, in der christlichen Lehre zu unterweisen, brachten ihnen die Jungfrauen das Lesen und lateinische Grundkenntnisse bei.

Der Ursulinen-Orden war somit einer der ersten (und in späteren Jahren der einzige) Orden, der Frauen unterrichtete. Die Nonnen unterrichteten die Mädchen zunächst nicht abgeschlossen hinter Klostermauern, sondern gingen "hinaus in die Welt", in die Häuser der Mädchen. Gerade das rief aber heftige Diskussionen in der Kirche hervor und konnte nach dem Tod Angela Mericis nicht beibehalten werden. Die Gesellschaft, die bis dahin die Klausur nur zum Chorgebet erhalten hatte, mußte ab 1566 ebenfalls in Klausur leben und von da an ein Ordenshabit anlegen. So wurde die Gesellschaft der Angela Merici schnell in einen Orden mit strenger Klausur umgewandelt.

Dabei war die Verehrung der Ursula durchaus nicht nur christlich. Ein erster Hinweis auf mögliche vorchristliche Ursprünge der Ursula-Verehrung zeigte sich 1882 bei der Erneuerung der Langhaus-Nordwand der Ursulakirche. Dabei entdeckte man eine sitzende Figur der ägyptischen Muttergöttin, der unbesiegbaren Isis. Der Sockel dieser Figur wurde im 12. Jahrhundert als Kapitell verwendet. Dabei wurde die Vorderseite der Figur eingemauert, so daß die Rückseite in die Kirche ragte. Heute kann man diese Figur im Römisch-Germanischen Museum in Köln bewundern.

Was aber hatte eine Figur der Isis in der katholischen Ursulakirche zu suchen? Im Jahre 346 n. Chr., zu jener Zeit, in der die Christen unter Constantin I. ihre ersten Kirchen errichten durften, wurde der Isis in Köln nachweislich noch geopfert. In dieser Zeit entstand auch der erste Bau der St. Ursula Kirche. Viele christliche Kirchen entstanden auf den Weihestätten anderer Religionen, und möglicherweise befand sich an der Stelle von St. Ursula in vorchristlicher Zeit ein Isistempel. Für diese Theorie spricht auch ein weiterer Fund: 1967 entdeckte man bei Ausgrabungen eine Figur, die offensichtlich der Isis geopfert wurde, einen Apisstier.

So verschieden waren Isis und Ursula nicht. Die ägyptische Göttin Isis wurde als Muttergöttin, Himmelsgöttin, Gottesmutter und Meeresstern verehrt. Die Menschen erhofften sich von ihr, ähnlich wie von Ursula, Trost auf Erden und Hilfe zum ewigen Leben. Als Meeresgöttin wurde die Isis häufig auf Schiffen dargestellt. Der Isiskult kam über Griechenland nach Rom und mit den Römern nach Köln. Auch Isis wurde häufig als "Schutzmantelheilige" dargestellt, wie Maria, die Mutter Gottes, und die heilige Ursula.

Interessant ist auch die Tatsache, daß sich für die jungfräuliche Führerin Köln der Name Ursula durchsetzte, obwohl sie einige Jahrzehnte lang Pinnosa genannt wurde. War es vielleicht als Erinnerung an die sächsische Bärengöttin Ursel, eine Fruchtbarkeitsgöttin, die im Kölner Raum lange Zeit stark verehrt wurde? Diese Göttin Ursel finden wir übrigens im Sternbild der großen Bärin (Ursa major) wieder. Auch die slawische Mondgöttin Horsel scheint eine Vorgängerin der Ursula zu sein. Das Mondfest zu ihren Ehren fand am 21. Oktober statt, dem Feiertag der heiligen Ursula!

Wendet man sich Ursulas Heiligenattributen zu, entdeckt man weitere Parallelen zu den Göttinnen anderer Kulturen. Ursula trägt die Himmelskrone, die sie als Himmelskönigin ausweist. Sogar die Ursulakirche in Köln schmückt eine barocke Ursulakrone. Der Pfeil stellt die Verbindung zur jungfräulichen Jägerin Artemis, einer griechischen Göttin, her. Artemis wurde der Legende nach wie Ursula von einer Jungfrauenschar, ihren Nymphen und Jagdgefährtinnen begleitet, wenn sie durch die Wälder zog. Eine der bekanntesten Inkarnationen der Artemis war die Große Bärin, die als Sternbild über alle Sterne und die Weltachse herrschte.

Gerade dieses Sternbild gilt als Symbol für die Mondgöttin und Himmelskönigin mit ihren vielen Kindern, den Sternen. Und vielleicht sind die elftausend Jungfrauen der heiligen Ursula ja auch nur ein Sinnbild für den unendlichen Sternenhimmel. Wer weiß, was uns da am Himmel leuchtet?

Brigit

Momo Edel:

Das Haupt von Feuerflammen umzüngelt: Brigit - keltische Muttergöttin und irische Nationalheilige

Die junge Novizin Bridget bemühte sich vergeblich um einen gemessenen Schritt, als sie durch den Kreuzgang zu ihrer Zelle eilte. Sie war so aufgeregt, daß sie immer wieder in kleine Hüpfschritte verfiel. "Mäßige dich, Bridget, nimm etwas Haltung an", sprach sie zu sich selbst und nahm dabei unwillkürlich den Tonfall ihrer Stiefmutter an. Schon als kleines Mädchen war es ihr schwer gefallen, sich so zurückhaltend zu benehmen, wie es von Frauen und Mädchen erwartet wurde. Immer wieder war sie ausgerissen und mit ihren Brüdern durch die Eichenwälder und grünen Wiesen unweit des Dorfes gestreift, hatte mit ihnen gejagt und in den kleinen Seen geangelt. Ihre Stiefmutter hatte sich oft bei ihrem Vater über sie beschwert und gefragt, womit sie einen solchen Wildfang verdient hätte. Aber was sollte man auch von einem kleinen Mädchen mit sieben großen Brüdern erwarten?

Sie war das einzige Mädchen der Familie. Ihre Mutter war bei ihrer Geburt gestorben. Ihr Vater war damals vor Kummer außer sich gewesen und hatte sich wie ein Besessener auf die Arbeit in Haus und Hof gestürzt. Eine Magd hatte sich um das winzige Mädchen gekümmert, und die großen Brüder hatten sich einen Spaß daraus gemacht, den niedlichen kleinen Fratz auf ihre Streifzüge mitzunehmen. So verbrachte sie eine glückliche Kindheit und bewunderte ihren stolzen, düsteren Vater nur heimlich aus der Ferne, bis er sich eines Tages nach dem Mahl zurücklehnte und sie zu sich rief. Sie mußte damals vier oder fünf gewesen sein. Die kleine Bridget war vor Schreck wie erstarrt gewesen und hatte es nicht gewagt, sich zu rühren. Die Magd hatte ihr schnell mit dem Schürzenzipfel den verschmierten Mund abgewischt und das verängstigte Kind zu seinem Vater geschoben.

"Nun, kleine Tochter", hatte er sie mit seiner melodischen Stimme gefragt, "fürchtest du dich etwa vor deinem Vater?" Die kleine Bridget schüttelte heftig den Kopf. Niemals hätte sie zugegeben, daß sie sich vor etwas fürchtete. Das war sie ihren Brüdern schuldig. Der Vater lachte leise vor sich hin, hob sie auf seine Knie und strich ihr die wirren, dunklen Locken aus dem Gesicht. "Du gleichst deiner Mutter sehr", sagte er versonnen. "Sie war eine sehr schöne, stolze und tapfere Frau".

Von diesem Tag an rief er die kleine Bridget jeden Abend zu sich und ließ sich von ihr berichten, wie sie den Tag verbracht hatte. Häufig brachte sie ihn mit ihren Erzählungen zum Lachen, und bald waren sich alle im Haus einig, daß Bridget ihren Namen zu Recht trug. Bridget bedeutete "die Strahlende", und sie hatte tatsächlich neues Licht in das düstere Haus gebracht.

Für Bridget war es das Paradies auf Erden gewesen, doch eines Tages war der Vater von einem der Markttage mit einer Frau heimgekehrt, die er den Kindern als "neue Mutter" vorstellte. Bridget hatte diese Frau von dem Augenblick gehaßt, als diese ihr naserümpfend einen Schmutzfleck von der Wange wischte. Und seither hatte sie sich einen Spaß daraus gemacht, ihre Stiefmutter zu necken, wann immer sich die Gelegenheit dazu bot. Sie hatte ja nicht ahnen können, daß ihre Stiefmutter einen Plan ausheckte, wie sie Bridget loswerden könnte. Es war ihr nach vielen Klagen und Reden gelungen, Bridgets Vater davon zu überzeugen, daß

Bridget niemals einen Mann finden würde, wenn er sie weiter so ungezügelt aufwachsen ließe. Und so hatte der Vater schweren Herzens eingewilligt, seine Tochter in das nahegelegene Kloster von Kildare zu schicken.

Für Bridget war das eine schwere Strafe. Wäre nicht die gütige Äbtissin Deirdre gewesen, wäre sie bestimmt davongelaufen. Aber als die Äbtissin Bridget bei ihrer Ankunft prüfend betrachtete, hatte Bridget das Gefühl, als blicke die ältere Frau ihr mitten ins Herz. Die Äbtissin hatte Bridget die Hand auf die Schulter gelegt und sie angelächelt, wobei ihr rundes Gesicht plötzlich aufzuleuchten schien. "Willkommen Bridget", hatte sie gesagt, "es mag dir vielleicht jetzt noch wie eine Strafe vorkommen, bei uns bleiben zu müssen, aber ich hoffe, du wirst dich gut bei uns einleben. Schließlich trägst du einen großen Namen. Auch die Gründerin unseres Klosters, die wir als Heilige verehren, hieß Brigit."

Bridget lebte sich tatsächlich schnell ein. Sie, die bisher in einer von Männern bestimmten Umgebung aufgewachsen war, staunte, wie viele unterschiedliche Frauen es gab. Da sie ein fröhliches Gemüt besaß, war sie bei den Nonnen bald sehr beliebt. Am liebsten aber saß sie in der Küche, die sich unter der Obhut der rundlichen Schwester Magdalena befand. Dort ließ sie sich Geschichten von der Heiligen Brigit erzählen. Zum Beispiel, wie Brigit von einer Taube in die Wüste geführt wurde, wo sie in einem Stall Maria bei der Geburt des göttlichen Kindes half. Die heilige Brigit hatte das Kind in Windeln gewickelt, seine Stirn mit drei Tropfen Weihwasser benetzt und den Kühen "Runen vom Paradies" vorgesungen, woraufhin sie Milch für das Kind gaben. In ihrem Umhang gewickelt lag das Jesuskind an ihrer Brust. Einmal soll sie sogar die Häscher des Herodes genarrt haben, indem sie eine Krone aus Kerzen aufsetzte und sie damit von dem Kind Gottes ablenkte. Aus diesem Grund wurde die heilige Brigit auch "Maria der Gälen" und "Hebamme Christi" genannt. Gab es einen besseren Ort, um sich der Gründerin des Klosters, die auch als Heilige des Herdfeuers verehrt wurde, zu nähern als die Küche? Gerade zwei Jahre älter als sie selbst war die heilige Brigit gewesen, als sie mit vierzehn Jahren das Kloster gründete.

Am liebsten aber waren Bridget jene Geschichten, die an Zauberei grenzten. Einmal, so erzählte man sich, habe die heilige Brigit für Besucher Abwaschwasser in Bier verwandelt. Ein anderes Mal soll sie auch einen Londoner Bürgermeister in ein Pferd verwandelt haben, weil dieser ihr gegenüber unverschämt wurde. Wenn Bridget diese Geschichte hörte, konnte sie sich vor Lachen kaum halten, wohingegen sie sich nächtelang den Kopf zerbrach, wie es der Heiligen Brigit wohl gelungen war, ihren nassen Umhang an einem Mondstrahl zum Trocknen aufzuhängen.

So verflogen die Wochen im Nu, und an diesem Maitag des Jahres 1220 war genau ein Jahr seit Bridgets Eintritt ins Kloster vergangen. Zur Feier des Tages hatte ihr die Äbtissin Deirdre ein ganz besonderes Geschenk gemacht: Sie durfte heute nacht mit den anderen neunzehn Frauen das heilige Feuer hüten. Obwohl sie gerade erst zwölf Jahre zählte! Bridget machte vor Freude einen kleinen Luftsprung und blickte sich anschließend vorsichtig um. Nein, niemand hatte sie gesehen. Sie wollte sich dieser großen Ehre gerne als würdig erweisen und ging nun wirklich gemessenen Schrittes in ihre Zelle, um sich den warmen Umhang zu holen. Die Äbtissin hatte gesagt, daß es in den Nächten manchmal noch sehr kühl werden könnte.

Wenig später stand Bridget mit der Äbtissin vor der Weiß-dornhecke, die die Stätte des heiligen Feuers schützend umgab. Der Duft der weißen Blüten erfüllte mit seiner Süße die warme Nacht. Als sie durch die Hecke hindurchgeschritten waren, konn-te Bridget die Augen nicht von dem Feuer wenden. Hier war sie nun, die heilige Stätte. Das Feuer, das seit fast achthundert Jahren zu Ehren der heiligen Brigit brannte. Nie hatte man die Flammen ausgehen lassen, immer war sie an neunzehn Tagen und Nächten von neunzehn Nonnen gehütet worden. Am zwanzigsten Tag, so hieß es, wachte die Heilige selbst über das Feuer.

Die Äbtissin hatte leise mit einer der Nonnen gesprochen, die Bridget nun freundlich zulächelte. "Am besten setzt du dich hier-her auf den kleinen Schemel. Die erste Nachtwache ist nicht ganz einfach". Zunächst hatte Bridget freundlich ablehnen wollen, schließlich wollte sie nicht wie ein kleines Mädchen behandelt werden. Aber nach ein paar Stunden ließ sie sich dankbar auf den Schemel nieder, wickelte sich fester in ihren warmen Umhang und blickte in die Flammen. Der Duft der Weißdornhecken ver-mischte sich mit dem harzigen Geruch des Feuers. Der Anblick der tanzenden Flammen ließ Bridgets Augenlider schwerer wer-den. Ein paar Mal schreckte sie noch auf, aber schließlich war sie dann doch eingeschlummert. Sie träumte.

Wie jeden Abend begab sich die Äbtissin Brigit von Kildare vor der Nachtruhe zur Stätte des heiligen Feuers. Sie nickte den Nonnen zu, die dort Wache hielten, und ging zu dem Schemel, den ihr eine junge Nonne fürsorglich bereitstellte. Mit einem leisen Ächzen ließ sie sich darauf nieder und atmete erleichtert auf. Das war die Stunde des Tages auf die sie sich stets am meisten freute. Die Nonnen wußten, daß sie ihre Äbtissin nicht ansprechen durften, wenn sie sich abends zum heiligen Feuer begab. Sie versank dann in meditatives Schweigen, hielt stumme Zwiesprache mit ihrem Gott. Die Äbtissin nannte diese Abendstunde im Stillen ihre "heilige Stunde". Nie wurde sie des Anblicks der tanzenden Flammen und ihrer leuchtenden Farben müde. Aus dem Spiel des kalten Blaus, das sich über warmes Orange zu einem strahlendem Weiß hin verjüngte, schöpfte sie täglich neue Kraft für ihren Glauben. Das Knistern und Knacken der Scheite im Feuer ließ sie die alltäglichen Sorgen einer Äbtissin vergessen und vermittelte ihr ein Gefühl für die Größe und Unendlichkeit des Universums. "Du bist ein Abbild des lebendigen Gottes!", sprach sie zum Feuer. "Du hast die Macht, uns zu wärmen, zu läutern, aber du kannst uns auch vernichten!" Sie selbst hatte sich jedoch nie vor dem Feuer gefürchtet, es stets als ihren Freund betrachtet. Die Leute erzählten sich eine Geschichte, daß sie als Säugling in ihrer Wiege völlig unversehrt in einem lichterloh brennenden Haus geschlafen habe. Als die Nachbarn entsetzt herbeigeeilt kamen, um sie zu retten, waren die Flammen einfach erloschen.

Schon ihre Geburt war etwas Besonderes gewesen. Ihre Mutter Boiseach war von Brigits Vater als Sklavin an den Druiden Maithghen verkauft worden, als er merkte, daß sie schwanger war. Der Druide hatte sie freundlich aufgenommen. Als sie bei ihm ankam, hatte er bereits am Klang der Wagenräder erkannt, daß im Leib seiner neuen Sklavin ein außergewöhnliches Kind heranwuchs. Brigit wurde geboren, als ihre Mutter bei Sonnenaufgang Milch in das Haus des Druiden trug. Sie kam zur Welt, als Boiseach mit einem Fuß auf der Türschwelle und mit dem anderen Fuß auf dem Boden vor dem Haus stand. Brigit wurde also weder innerhalb noch außerhalb des Hauses geboren, was ein bedeutungsvolles Zeichen war. Der Druide hatte ihr eine große Zukunft prophezeit.

Früher hatte sie ihr Abendgebet auch ohne Schemel, im Stehen oder kniend verrichten können, aber das war ihr in letzter Zeit immer schwerer gefallen. Ihre müden Knochen schmerzten und sie spürte die Last ihrer dreiundsiebzig Winter von Tag zu Tag mehr. Der vergangene Winter war besonders hart gewesen, viele Menschen in den Dörfern hungerten. Die magere Ernte des vorangegangenen Sommers hatte die Vorräte schon viel früher zur Neige gehen lassen als sonst. Den Männern und Frauen ihres Klosters ging es noch gut, weil sie die Portionen für das tägliche Mahl bereits im Herbst eingeschränkt hatten und ihre Vorräte noch bis in den März hinein reichen würden.

Die alte Äbtissin seufzte. In den letzten Tagen hatte sie die Last der Verantwortung für die vielen Menschen, die sich ihrer Obhut anvertraut hatten, immer häufiger als Bürde empfunden. Früher war das anders gewesen. Als sie mit gerade vierzehn Jahren ihre *celldare*, ihre Zelle und Kirche, unter der heiligen Eiche errichtet hatte, um sich ganz dem Glauben und der Verehrung des neuen Gottes widmen zu können, hatten sich schon bald viele Menschen um sie versammelt. Ihr Ruf hatte sich schnell verbreitet und viele wollten die "Brigit von Kildare", wie sie schon bald genannt wurde, mit eigenen Augen sehen. Und tatsächlich hatte sie damals deutlich gespürt, daß sie ein Werkzeug Gottes war. Er hatte durch ihre Hände gewirkt, wenn sie Kranke heilte und Felder segnete, die daraufhin üppige Ernten einbrachten.

Die Menschen behaupteten, daß über ihrem Haupt Feuerflammen züngelten, wenn sie ins Gebet versunken war. Wenn sie betete, wurde ihr Kopf ganz hell und licht. Nie hatte sie die Hitze gespürt, die sie mit Feuer in Verbindung brachte, aber stets eine alles durchdringende Helligkeit, die ihr Erleuchtung und Einsicht brachte, ohne sie zu blenden. Brigit hatte dieses Leuchten stets als Wirken des Heiligen Geistes angesehen, aber die einfachen Menschen um sie herum sahen sie, Brigit, als Heilige an. Manche verehrten sie sogar als Göttin.

Nun, das war auch verständlich. Schließlich hatte ihre Mutter noch die Göttin Brigit verehrt und sie nach ihr benannt. Auch das Feuer, vor dem sie hier saß, war einst zu Ehren dieser keltischen Göttin Brigit, die in Albion, jenseits des Meeres auch Brigantia genannt wurde, entzündet worden. Brigit hatte die große religiöse Kraft gespürt, die von diesem Ort ausgegangen war und hatte das Feuer deshalb weiter brennen lassen. "Was der Verehrung der einen Göttin diente, konnte auch ihrem Gott nicht schaden", hatte sie gedacht.

"Brigantia", murmelte die Äbtissin leise vor sich hin und spürte die Macht, die hinter diesem Namen lag. "Du hast uns lange Zeit beschützt. Deinem silbernen Flammenmantel verdanken wir das Grün unserer Insel. Meine Mutter hat mir als Kind oft die Geschichte erzählt, wie Du den Gesang der Erde hörtest und sie mit den anderen Göttern besuchen kamst. Als Du deinen Mantel zur Erde warfst, entrollte er sich wie eine Silberflamme und breitete sich immer weiter aus. Wäre nicht Angus, der jüngste der Götter, ungeduldig geworden und hätte die Flammen durch sein Herabspringen gestoppt, hätte sich Dein Segen wohl über die ganze Erde ausgebreitet. Du, die Du auch "Flamme der Freude" genannt wurdest, hast unserer Insel den Namen gegeben, nanntest sie Weiße Insel, Insel des Schicksals und Irland".

Brigit seufzte. Es wurde von den Bischöfen nicht gerne gesehen, wenn das Volk noch von den alten Göttern, besonders aber von den Göttinnen, sprach. Zu Anfang, als die ersten Missionare Irland besuchten, waren sie von den Druiden jubelnd begrüßt worden. Die Hüter der alten Religion hatten im neuen Glauben, dem Christentum, die Vollendung des Druidentums gesehen. Sie hatten die Zeichen am Himmel gedeutet und sogar die Kreuzigung Jesu vorhergesagt. Die Trias von Vater, Sohn und heiligem Geist erschien den Druiden als Essenz des göttlichen Geistes, und so wurden die Priester des neuen Gottes und die Verkünder seiner Botschaft an den meisten Orten freundlich empfangen.

Nur das einfache Volk tat sich zunächst schwer mit dem neuen Glauben. Wie sollte man den Bauern auch erklären, daß das Land, das für sie stets der Körper der Mutter Erde gewesen war, nun nicht mehr in Form der Göttin verehrt werden durfte. Sie waren mißtrauisch. Wie konnte ein männlicher Gott für so weibliche Dinge wie Gedeihen und Wachstum sorgen? Würde die Mutter Erde ihnen nicht zürnen und ihre Früchte verweigern, wenn sie ihr nicht die verdiente Ehre erwiesen? Viele Bauern bekannten sich nach außen hin zum neuen Glauben und verehrten sowohl die Mutter Erde als auch den himmlischen Vater. Lange Zeit war es gut gegangen und das Volk war zufrieden. Sie beteten zum himmlischen Vater für ihr Seelenheil und das ewige Leben und zu ihren alten Göttinnen für das Gelingen der Ernte und ein angenehmes Leben im Diesseits.

Aber in letzter Zeit hatte sich das geändert. Es waren neue Bischöfe von der römischen Kirche gekommen, die den alten Glauben mit Teufelei und Götzenglauben gleichsetzten. Von Albion, jenseits des Meeres, drang immer neue Kunde von den Änderungen, die diese Bischöfe im Namen Gottes verlangten. Es hieß sogar, daß sie keine gemeinschaftlichen Klöster mehr duldeten, wie es ihres eins war.

Nachdem sich um Brigit damals, als junges Mädchen, so viele Menschen geschart hatten, daß ein wahres Lager um ihre Zelle herum entstanden war, hatte sie sich zum Bau eines Klosters entschlossen. Sie hatte die Unterstützung der Bischöfe erhalten, und der Bau war mit Hilfe der vielen Gläubigen zügig vorangegangen. Zunächst hatte sie ein Kloster nur für Frauen errichten wollen, aber es zeigte sich schon bald, daß die Frauen ihre Familien, ihre Männer und Kinder mitbrachten, und so wurde einige Jahre später auch ein Männerkloster errichtet. Aber zwischen den beiden Klöstern bestand ein reger Austausch, und Familien wohnten auch nach wie vor zusammen. Das sollte nach dem Willen der neuen Bischöfe nun anders werden. Männer und Frauen sollten ihrem Gott in streng voneinander abgegrenzten Klöstern dienen.

Ihr fröstelte. Sie rückte ihren Schemel noch etwas näher an das wärmende Feuer heran und rieb sich im Schein der Flammen die Hände. Dieser Ort war die einzige Stelle des Klosters, die von Männern nicht betreten werden durfte. Dieser Brauch stammte noch aus der Zeit, als das Feuer zu Ehren der keltischen Göttin entzündet worden war, die den gleichen Namen trug wie sie selbst: Brigit.

Die Äbtissin blickte ins Feuer. Schon bald würden sich nicht mehr viele Menschen an die alten Götter erinnern können. Sie standen am Übergang zu einer neuen Zeit. Die neue Religion des Christentums, deren Anhängerin sie war, würde den alten Glauben bald verdrängt haben. Sie selbst hatte mit dazu beigetragen, daß der Glaube an die alte Göttin erstarb. Schließlich hatte sie - eine Vertreterin des neuen Glaubens - die Felder im Namen ihres neuen Gottes gesegnet. Und sie hatten reiche Ernte eingebracht. Ja, es war ihr sogar gelungen, verdorrte Zweige einzig durch das Auflegen ihrer Hände und das Sprechen eines Segen wieder zum Knospen zu bringen.

Als junges Mädchen hatte sie sich begeistert der neuen Religion zugewandt und den Lehren ihres Ziehvaters, des alten Druiden Maithghen, kein Gehör geschenkt. "Was die Alten so redeten", hatte sie gedacht. Jetzt, da sie selbst die Schwelle der siebzig erreicht hatte, war sie sich dessen nicht mehr so sicher. Mit wachsender Sorge hatte sie die Veränderungen der letzten Jahre beobachtet. Die neuen Priester der Kirche Roms predigten ein anderes Christentum als das, zu dem sie sich bekannt hatte.

Die Äbtissin rückte ihren Schemel noch ein wenig näher an die tanzenden Flammen heran. An diesem Abend fror sie stärker als sonst, ein Frösteln, das aus ihrem Herzen kam. Sie dachte an die Auseinandersetzungen, die sie mit Maithghen geführt hatte, als sie sich entschied, dem neuen Glauben und der Lehre Jesu Christi zu folgen. Er hatte sie gewarnt, die alten Lehren nicht

86

gänzlich beiseite zu schieben. Aber sie hatte ihn mit der Unbekümmertheit der Jugend nur ausgelacht. Die alten Götter und Göttinnen waren ihr verstaubt vorgekommen. Sie wollte dem neuen Geist, der Jugend des Herrn Jesus Christus und seinem Gebot von Friede und Nächstenliebe folgen. Eine Gemeinschaft von Gläubigen, die sich zusammenfand, um ihrem Gott zu dienen, das war ihr als größte Verheißung erschienen.

Wenn sie jetzt auf ihr Leben zurückblickte, mußte sie erkennen, daß der alte Druide sehr weise gewesen war. In der frühen Phase waren sie wirklich eine Gemeinschaft gewesen, vereint im Glauben und in Gebeten. Aber schon bald hatte sie eingesehen, daß auch die Lehren des Christentums die Natur der Menschen nicht verändern konnten. Es hatten sich Gruppen gebildet, die einander befeindeten, und nicht lange darauf hatte das einfache Volk nach Führung verlangt. Wie von selbst war sie in diese Rolle geschlüpft, war tatsächlich zu einer der geistigen Führerinnen geworden, einer Druidin des Christentums.

Die vielen Stunden, die sie damals in ihrer Zelle unter der Eiche mit Andacht und Gebeten verbracht hatte, waren nun mit Verwaltungsaufgaben einer Äbtissin zweier blühender Klöster gefüllt. Einzig diese Abendstunde am heiligen Feuer war ihr geblieben.

"Brigantia, Brigit", murmelte sie erneut, "habe ich Dich verlassen? Hätte ich Dich, Du Tochter und Mutter des guten Gottes Dagda, verehren sollen? Dich, Du dreifaltige Göttin, die Du mit Deinen beiden Schwestern über unser Land, die Dichtkunst und die Schmiedekunst herrschtest?"

Es war kein Wunder, daß sie gerade heute soviel über die alte Göttin nachdachte. Schließlich war morgen der erste Februar, der

Festtag der Göttin. Bereits am Vorabend dieses Tages, der Imbolc genannt wurde, waren noch vor wenigen Jahren von den Druiden die heiligen Feuer entzündet worden. Zu Ehren der Göttin unterzog man sich vielen Reinigungsritualen und durchwachte die Nacht.

Noch einmal sprach sie das Feuer an: "Habe ich Dich verraten, Brigantia, als ich mich dem Christentum zuwandte?"

Da stieß plötzlich eine blaue Flamme aus dem Feuer empor, so daß die Nonnen erschrocken zurückfuhren. Brigit vernahm die Stimme der Göttin selbst: "Ich bin das Land, die Erde, das Wasser und das Feuer. Ich währe ewig und wer mich verläßt, verläßt das Leben. Aber es ist eine neue Zeit angebrochen und für viele Hunderte von Jahren wird ein anderer Gott regieren. Es ist ein Gott des Geistes und der Luft. Man wird mich vergessen, aber ich werde noch da sein. Denn ich währe ewig. Man wird vergessen, die Frauen zu respektieren und ihre Schöpferkraft zu ehren. Aber die Kräfte des Himmels und der Erde gehören zusammen und können nicht auf ewig getrennt bleiben. Wir sind alle nur Teile des einzigen, wahren Göttlichen, das wir ergeben, wenn man uns vereint. Wir werden andere Namen tragen, und sind doch stets der gleiche göttliche Gedanke. Du aber Brigit, hast mein Feuer in Ehren gehalten. Und solange dieses Feuer brennt, wird mein Name in den Herzen der Menschen, der "Insel des Schicksals", lebendig bleiben".

Ebenso plötzlich, wie sie erschienen war, verschwand die Flamme wieder. Das Feuer knisterte so ruhig weiter wie zuvor. Die Äbtissin erhob sich von ihrem Schemel. Ihr war warm ums Herz geworden. Sie sprach ein letztes Dankgebet für ihren Gott, nickte den Nonnen am Feuer zu und begab sich zur Ruhe auf ihr Nachtlager. Voll innerem Frieden schlief sie ein, und bevor sich am nächsten Morgen die ersten blassen Sonnenstrahlen zögernd ihren Weg durch den wolkenverhangenen Himmel gebahnt hatten, verließ die Seele der Äbtissin ihren irdischen Körper.

"Bridget, Bridget, wach auf!". Unsanft wurde das junge Mädchen wachgerüttelt. Erschrocken fuhr sie auf. Sie hörte Pferdeschnauben, Scharren und Stampfen. Was ging hier vor? Soldaten und Mönche betraten plötzlich den Innenraum der Hecke. Wie konnte das sein? Das Betreten dieses Ortes war Männern doch strengstens untersagt. Einer der Mönche enthüllte eine Schriftrolle, die er den erschrockenen Frauen zuerst auf lateinisch und dann auf gälisch vorlas: "Auf Befehl unserer hochwohlgeborenen Exzellenz des Erzbischofs geben wir bekannt, daß das Feuer der heiligen Brigit unverzüglich gelöscht werden muß, um nicht weiterem Aberglauben und Ketzergedanken Vorschub zu leisten. Das Löschen hat unmittelbar auf das Verlesen dieses Beschlusses zu erfolgen."

Kaum hatte er zu Ende gelesen, begannen die Knechte, die Bridget jetzt erst bemerkte, Erde auf das Feuer zu schaufeln. "Aber, die Göttin..."

stammelte Bridget entsetzt und hielt sich dann erschrocken die Hand vor den Mund. Hoffentlich hatte sie niemand gehört, sonst wäre es um sie geschehen gewesen. Die Äbtissin Deirdre blickte sie streng an und hielt warnend einen Finger an die Lippen. Ihr Gesicht wurde vom letzten Aufflackern des Feuers erhellt und verwandelte sich. Mit der Stimme der Göttin, die Bridget im Traum gehört hatte, sagte sie: "Der Funke der Göttin lebt in jeder Frau, sie währt ewig. Auch wenn dieses Feuer gelöscht wird, kann doch der Funke in uns jederzeit zu einer tanzenden Flamme erweckt werden. Doch mußt du dieses Wissen still in deinem Herzen bewahren, denn vor uns Frauen liegen viele dunkle Jahre, und es wird noch lange dauern, bis wir die Feuer der Göttin wieder entzünden können."

Die katholische Heilige Brigit von Kildare wurde ca. 453 in Nordirland geboren. Sie gründete mit vierzehn Jahren ein berühmtes Doppelkloster, dem sie als Äbtissin vorstand. Sie starb am 1. Februar 523, dem Festtag der keltischen Göttin Brigit, der seitdem als Tag der Heiligen Brigit gefeiert wird. Beinahe achthundert Jahre lang brannte in Kildare ununterbrochen ein heiliges Feuer zu ihren Ehren, das von neunzehn Frauen gehütet wurde. Im Jahre 1220 ließ der Erzbischof das Feuer löschen, um der Bevölkerung den Anlaß zum "Aberglauben" zu nehmen. Die heilige Brigit wird in Irland und vielen anderen Ländern auch heute noch verehrt. Zur Feier ihres Tages am 1. Februar gibt es noch viele Bräuche, u.a. das Flechten eines Strohkreuzes in Form einer Swastika. Es heißt, daß am 1. Februar 1995 das Feuer zur Ehren der Göttin wieder entzündet wurde.

Leah Levine:

Sara la Kali, die schwarze Göttin der Zigeuner

*"Du zerstörst alles auf Erden und erschaffst es neu, Du
magst nichts Altes sehen, denn der Tod wohnt in Dir, Du gebierst
alles auf Erden, denn Du bist das Leben selbst. ... Du bist die Mutter jedes lebendigen Geschöpfes und die Spenderin alles Guten;
Du richtest durch Deine Weisheit, indem Du zerstörst, was frucht-
los ist und dessen Lebenszeit zu Ende ist; durch Deine Weisheit
läßt Du die Erde Neues hervorbringen. ... Du bist die Wohltäterin
der Menschheit."*

(Gebet an Sara-Kali)

Worte, Worte, aber wer spricht sie?

Ich liebe den Klang der sanften Stimmen, die in allen Nuan-
cen zu mir sprechen, aber wie lange werden sie das noch tun? Immer seltener dringen die Gebete meines Volkes an mein Ohr.
Nicht daß meine Roma nicht mehr beten, aber ihre Zahl wird weniger und weniger. Ich fürchte um mein Volk. Die Zeit ist mein
Feind, die Jahre vergehen und die Freiheit meiner Kinder geht
verloren. Und mit ihr die Rituale und Gesetze, die seit Jahrhun-
derten Bestand hatten. Laßt es nicht zu, daß man euch und mich
zerstört. Geduldig trage ich alle Demütigungen, stolz, wie ihr,
aber bedenkt, eine Göttin ohne jene, die an sie glauben, ist eine
tote Göttin.

Was hatten wir doch für gute Zeiten? Ich weiß gar nicht
mehr, wie alles begann. Ich glaube, ich kam zusammen, mit den
drei Marien, nach dem Tode von Jesu Christus nach Frankreich.

92

SARA

Sara la Kali

Man hatte uns, Maria Magdalena, Maria Kleophael und Maria Salome, zusammen mit mir, die ich ihnen treu und ergeben diente, Joseph von Arimathäa, Lazarus und Trophimus, in ein kleines ruderloses Boot gesetzt und dem Schicksal des Ozeans überlassen. Um sicher zu gehen, daß wir die Reise nicht überlebten, hatte man uns jeden Proviant verweigert.

Aber wir waren stärker, als unsere Feinde glaubten. Wir hatten den Schutz unserer Mütter, deren Nachfolgerinnen wir waren.

Nach langen, entbehrungsreichen Tagen strandete unser Boot an der Mündung der Rhône.

Meine Erinnerung daran ist so klar, daß es so gewesen sein muß, vielleicht war ich aber auch schon längst da, lebte als Zigeunerin in einem Stamm in der Camargue und begab mich erst nach der Landung der Marien in deren Dienste.

Unabhängig vom genauen Ablauf der Geschichte, feierten die Christen unsere Landung und errichteten uns fast 1150 Jahre später eine Kathedrale, die zu einem katholischen Wallfahrtsort wurde. Der Ort, der sich um diese Kathedrale entwickelte, heißt: Saines-Maries-de-la-Mer. Um genau zu sein, errichteten sie den Marien eine Kathedrale. Es wäre ihnen niemals in den Sinn gekommen, mich, die schwarze Ägypterin, in ihre Verehrung mit einzubeziehen. Aber ich brauchte die Christen nicht, es gab andere Menschen, die mich erkannten.

Meine Brüder und Schwestern, die Zigeuner, die gekommen waren und Kali verehrten, die nahmen sich meiner an. Sie plazierten meine Statue, die nach meinem Abbild erschaffen wurde und durch die ich fühlen und sehen kann, in der ehemaligen Druidenkrypta unterhalb der Kathedrale. Eine schwarze Göttin wie ich löst immer die Verbindung zu meiner Erscheinungsform als Kali aus. Man nannte mich fortan auch oft Sara-Kali oder Kali-Sara. Es ist egal, wie die Menschen uns Götter und Göttinen nennen. Wichtig ist, daß sie unser Anliegen, unser Prinzip verstehen.

Meine Statue ist fast lebensgroß. Sie ist mit dem weiten Rock einer Zigeunerin bekleidet und inzwischen mit vielen Amuletten behängt. Um die Statue herum haben meine Roma eine große Zahl an Kerzen aufgestellt, und ich liebe es, ihnen in diesem Dämmerlicht meine Geheimnisse der Heilung, des Werdens und Vergehens zu offenbaren. Viele der mächtigsten Heiler und Zauberer meines Volkes haben in den Nächten um den 24. und 25. Mai zu meinen Füßen geschlafen, um sich mit meiner Kraft und Energie aufzuladen. Viele von ihnen wissen um die Kräfte des Magnetismus und erfassen die Energien, die im Laufe von vielen Generationen der Nomaden auf meine Statue übergegangen sind. Sie haben den geheimen Schlüssel, meine Kraft zu absorbieren und nutzbar zu machen. Wer reinen Herzens ist, kann mich sogar zum Lächeln bringen.

Jeder Roma ist gehalten, sich mindestens einmal im Leben nach Saintes-Maries-de-la-Mer zu begeben, um sein Haupt vor mir persönlich zu beugen. Mit den Jahren kamen immer mehr und mehr Zigeuner dieser Verpflichtung nach. Ich selbst genieße die Enge und Fülle der vielen Menschen um mich herum, aber seit man 1912 den Gadschos, den Nicht-Zigeunern, erlaubt hat, meine Krypta zu betreten, wurde es wirklich schlimm. Ihnen fehlte der nötige Anstand, und sie beleidigten meine Augen und Ohren durch ihr Geschrei und ihre unpassende Kleidung. Sie machten aus meinem Heiligtum eine Touristenattraktion, wie sie das auch mit ihren Heiligtümern machen. Immer mehr Menschen drängten in meine Nähe, und deshalb wurde 1935 beschlossen, mich, bzw. meine Statue ans Tageslicht zu holen und in einer Prozession zum Meer zu tragen, damit ich es segnete.

Einige meiner Söhne waren darüber so erschrocken und verärgert, daß sie sich aus Protest und Trauer der "Prüfung des Feuerdolches" unterzogen. Dazu preßten sie sich einen rotglühenden Dolch auf die Vene der Hand. Sie waren überzeugt, das Licht der Sonne würde meinen Blick verbrennen und meine Kräfte würden in dem Moment versiegen, indem man mich aus dem Schatten ins Licht stellte. Es ist nicht ganz so schlimm, aber die wirkliche Kraft schenke ich nach wie vor nur denen, die sich mir im Kerzenlicht der Krypta nähern.

Meine oft geküßten Lippen könnten viele Geschichten erzählen, aber ich ziehe es vor zu schweigen. Schweigen ist bei uns Zigeunern eine Tradition, die schon vielen das Leben gerettet hat. Warum sollte man also mit solchen Traditionen brechen?

Ich bin enttäuscht, wie sehr Saintes-Maries-de-la-Mer dem Verfall anheim fällt. Früher kamen die Roma aus aller Welt, heute sehe ich fast nur noch französische Zigeuner. Aber ich habe es ja vorausgesehen. Vor Jahren schenkte ich einem Stammesführer eine Vision, die er auch aussprach, aber das Schicksal konnte auch durch ihn nicht aufgehalten werden.

"In dem Maße, wie die Zigeuner von ihrem Gelände vertrieben werden, wird die Stadt von Fremden überschwemmt werden und daran ersticken."

Ich habe gehört, wie einige junge Zigeuner planten, meine Statue zu stehlen und ihr einen neuen, geheimen Platz zukommen zu lassen. Die Idee war sehr gut, denn ich bin überall zu Hause.

Dazu kommt, daß alle französischen Kathedralen so ausgerichtet sind, daß sie zusammen ein Spiegelbild des Sternzeichens Jungfrau, meiner himmlischen Heimat, ergeben. Leider ist es nie zu einem Standortwechsel gekommen.

Um wirklich zu verstehen, warum mein Volk, das ursprünglich zu den direktesten Verehrern Kalis gehörte, mich zu seiner Göttin machte, muß man wissen, daß ich als schwarze Göttin eine Form Kalis bin. Schon immer haben die Roma die Spur meiner Kaliinkarnation auch in den Ländern außerhalb Indiens gefunden. In den hinduistischen Glaubenswelten habe ich, in der Erscheinungsform der Muttergöttin Kali, nie meine Macht verloren. Von mir kommt alles und zu mir kehrt alles zurück. Meine Macht läßt sich nicht ins Abseits drängen. Ich habe viele Namen, und ich lasse zu, daß die Menschen mich so ansprechen, wie es ihnen gefällt, aber ich bin doch immer nur die Eine, die Mutter allen Lebens.

Ich habe immer viel Wert darauf gelegt, daß man die Rituale beibehält. Noch heute verehren mich manche meiner Kinder so, wie es seit jeher die Hindus taten.

Man opfert mir die Köpfe von getöteten Flügeltieren und türmt sie vor dem Portal der Kirche auf. Sie rufen mich an, in einer Form, die auch erklärt, was es mit der Symbolik der Vogelköpfe auf sich hat.

"Die Göttin, die Schafferin des Lebensblutes jeder Kreatur - denn sie ist es, die es verleiht... daher ist Enthauptung die entsprechende Opferform, denn das Blut läuft schnell aus den enthaupteten Tieren heraus."

Einige Stämme haben meinen Namen in den ihrer Familie integriert. Sie nennen sich die Kalenderes, das Volk der Göttin Kali. Noch heute ist der Name Kaldera oder Calderash ein sehr verbreiteter Familienname bei den Zigeunern. Es heißt sogar, nur Mitglieder der Kalderafamilie seien "echte" Zigeuner. Die Kalderafamilien nennt man auch die Familien der Kesselschmiede. Wer sich ein bißchen in der Mythologie auskennt, wird aber wissen, daß der Kessel eines meiner ganz persönlichen Insignien ist. Der Kessel ist die Form, aus der ich Leben entstehen lasse. Er wird dem aufmerksamen Beobachter in allen Kulturen und bei allen Muttergottheiten auffallen.

Bei den Christen findet man ihn leider nur in verfemter Form, als Symbol der Hexen. Ihre Muttergottheit Maria nimmt nur eine sehr geringe Position in einem patriarchalischen System ein.

Ich bin dem europäischen Heidentum weit näher verbunden als der christlichen Lehre. Auch ich erscheine in den drei Aspekten, der Jugend, der Reife und des Alters. Ich symbolisiere den Aspekt der Jungfrau, der Mutter und der Greisin. Ich gebäre, nähre und vernichte.

Für die Zigeuner ist mein Schoß die Quelle des Lebensflusses, der über ihre Rasse flutet. Ich bin ihre Mutter, ihre Frau, ihre Schwester, ihre Königin, ihre Phuri Dai [1]). Ich bin der Ursprung allen Romani-Blutes.

Als Muttergöttin bin ich gleichbedeutend mit der Mutter Erde. Auch sie hat den Rhythmus des Entstehens, Wachsens und Sterbens.

---

[1]) weibliches Oberhaupt eines Stammes

Meine Farben sind die Farben des weiblichen Zyklus und der Natur. Weiß, die Reinheit und Unschuld, Rot, das Blut, das die Fruchtbarkeit symbolisiert, und Schwarz, die Farbe des Todes und der Auflösung.

Bei der Taufe eines Kindes bringt man immer meinen drei Aspekten ein Opfer.

Mein Symbol ist das Dreieck, das Yoni Yantra. Es verbindet die Kraft des Wachstums mit dem Feuer, der Lebensenergie. Die drei Seiten des Dreiecks zeigen auch die Vergangenheit, die Gegenwart und die Zukunft an. So ist es nicht verwunderlich, daß die Zigeunerinnen, die aus Karten lesen, diese häufig in der Form des Dreiecks auflegen.

Mein Name Kali bedeutet schön und schwarz. Er verkörpert an sich schon die dunkle Seite der Macht. Doch für manche meiner Kinder werde ich erst dann zum wirklich dunklen Aspekt, wenn ich in der Inkarnation als Bibi erscheine. Erst unter diesem Namen werden die Seiten von Krankheit und Zerstörung hervorgehoben. Als "Tante" (Bibi = Tante) erscheine ich in Form einer alten Greisin und bin in der Lage, alle möglichen Krankheiten hervorzubringen. Besondere Macht habe ich am Anfang eines neuen Monats, besonders, wenn dieser mit dem Vollmond zusammenfällt. Wann immer es meine Aufgabe ist, Dinge, Menschen oder Tiere zu vernichten, hülle ich mich in meine blutroten Gewänder. Hier ist Bibi die reine Kali. Das Rot habe ich gewählt, weil es mir ein Symbol, ein Gleichnis, ist für die vernichteten Götter, die ich verschlungen habe.

Meine Aufgabe wird es eines Tages sein, meine Augen zu öffnen und die Zerstörung der Welt einzuläuten. Ich muß Platz schaffen für neue Lebensformen, die gleichwohl, wie die anderen vor ihnen, ihre Chance haben sollen zu regieren.

Wie meine Dakinis, tragen auch die Zigeunerinnen Rot, wenn es einen Toten zu beklagen gibt.

Wer meine Spur zu verfolgen sucht, wird viele Tore finden, deren Wege zu mir führen. Machmal erscheine ich als weißgekleidete Frau. Ich sitze für alle Zeiten in meinem Tempel und beobachte meinen Sohn, den Sonnengott.

Ich werde nie mein geheimes Gesicht offenbaren, außer denen, die von meinem Blute sind. All die anderen werden aber lernen, daß all meine Erscheinungsformen immer nur auf mich, Sara-Kali, zurückgehen.

Statt mein rotes Gesicht herauszufordern, solltet ihr Menschen, die ihr euch für so aufgeklärt und fortschrittlich haltet, darüber nachdenken, ob ihr wirklich auf dem richtigen Wege seid, wenn ihr die Mutter Erde, die euch nährt, zu zerstören sucht. Es könnte sein, daß ich stärker bin und euch zerstöre, bevor ihr auch noch meinen anderen Geschöpfen den Boden zum Leben nehmt.

Mutter Meera

Adilakshmi
Mutter Meera – Die Inkarnation der Göttlichen Mutter

Die Göttliche Mutter ist stets als Seele und alleserhaltende Kraft des Universums verehrt worden. Obgleich Sie uns manche Ihrer Gesichter gezeigt hat – zum Beispiel als Kali, Jungfrau Maria oder Isis -, haben viele Ihrer Verköperungen es vorgezogen, still und unerkannt in der Welt zu wirken. In der bewegten Zeit, in der wir heute leben, sind mehrere Inkarnationen der Göttlichen Mutter unter uns, jede mit Ihrer besonderen Aufgabe – sei es, zu heilen, zu beschützen oder umzuwandeln.

Eine jener Avatare der Göttlichen Mutter, die bereits in breiten Kreisen verehrt und geliebt wird, ist Mutter Meera, eine junge Inderin, die am 26. Dezember 1960 in einem Dorf der Provinz Chandepalle in Südindien geboren wurde. Schon bald erwies Sie sich als ein ungewöhnliches Kind: Im Alter von drei Jahren berichtete Sie davon, "zu verschiedenen Lichtern zu gehen". Ihre Eltern behandelten Sie als ein außergewöhnliches Kind und liebten Sie sehr. Da Ihre Familie nicht besonders religiös war, wurde Sie nicht im Sinne irgendeiner Tradition erzogen. Ihre wirklichen Eltern waren die spirituellen Führer, denen Sie in Ihren Visionen begegnete. Sie lebte ständig im Zustand des Samadhi. Unter der Obhut Ihres Onkeln, Herrn Reddy, verbrachte Sie einige Zeit in Pondicherry, wo Ihre Gegenwart große Beachtung fand. 1982 heiratete Sie einen Deutschen, der seitdem bei Ihr lebt. Die Mutter wohnt heute auf der Schaumburg bei Balduinstein in der Nähe von Diez/Lahn, und obgleich Sie nicht die Öffentlichkeit gesucht hat, kommen Tausende von Menschen aus der ganzen Welt, um Ihren Darshan zu erhalten – die stille Übermittlung von Segen und Licht durch Ihren Blick und Ihre Berührung.

Mutter Meeras einzigartiges Geschenk an die Welt besteht darin, daß Sie zum ersten Mal in der Geschichte der Erde das transformierende Licht des Paramatman – des Höchsten Wesens – zugänglich macht. In dieser von wachsendem Verlangen nach Spiritualität geprägten Krisenzeit vermittelt die Mutter Ihren Kindern die direkte Übertragung jenes Lichtes, das alle Hindernisse auflöst und das gesamte Sein umwandelt. Alle, die geöffnet sind, können das Licht aufnehmen, ob sie der Mutter in Ihrer physischen Gestalt begegnen oder nicht.

Als Inkarnation der Göttlichen Mutter steht Mutter Meera über allen Dogmen und Hierarchien. Sie erwartet von niemandem, daß er Ihr nachfolgt. Sie läßt jedoch Ihre umwandelnde Kraft allen Menschen zuteil werden, ganz gleich, welchen Weg der einzelne beschreitet oder welcher Religion er angehört.

Die nachfolgenden Fragen und Antworten wurden von Adilakshmi (Mutter Meeras Sekretärin) und anderen Anhängern (Devotees) der Mutter gesammelt. Einige der treffenden Kommentare von Adilakshmi wurden mit aufgenommen. Mutter Meera bietet uns in dieser schweren Zeit einen Weg der Freude und der Transformation an – die Chance, uns Ihrem Segen zu öffnen, Ihr Licht zu empfangen und mit diesem zu arbeiten, um uns selbst und unsere Welt zu ändern.

Über Mutter Meera

F: Warst Du Dir Deiner Göttlichkeit bewußt, als Du Dich inkarniertest?

MM: Bevor ich hierher kam, wußte ich, wer ich war, wußte, daß ich mich inkarnieren würde, und kannte die Arbeit, die mich erwartete. Die Mutter steht über der Zeit.

F: Bist Du je Mensch gewesen?

MM: Ja, ich wußte es immer.

F: Warum führst Du so ein normales und schlichtes Leben in einem stillen kleinen Ort in Deutschland?

MM: Um der Welt vor Augen zu führen, daß die Transformation etwas Normales ist, das überall und im täglichen Leben vollzogen werden kann.

F: Welchem der Aspekte der Göttlichen Mutter, die Aurobindo in seinem Buch "Die Mutter" erwähnt – Maheshwari, Mahasarasvati, Mahalakshmi, Mahakali -, fühlst Du Dich am nächsten, und gibt es noch andere außer diesen, die bei Deinem Wirken eine Rolle spielen?

MM: Ich verfüge über alle vier Apsekte, aber mehr noch über Durgas Qualitäten. Durga hat größere Geduld als die anderen. Durga ist jener Aspekt der Mutter, der die Kinder mehr liebt und weniger straft. Sie verzeiht. Durga liebt die Menschen mehr, als es die anderen Göttinnen tun. Wenn Durga zerstört, so zerstört sie, was nötig ist, doch nicht im Zorn, sondern aus Liebe. Durga kommt auf jede Ebene herab, auf der sie gebraucht wird. Ihr könnt an Sie auf vielerlei Weise denken: als Mutter, als Lehrer, als Vater.

Adilakshmi: Ma besitzt wahres Mitgefühl. Wahres Mitgefühl ist ohne Sentimentalität. Sie weiß, daß sie uns im Feuer der Unwissenheit lassen würde, wenn Sie uns in unseren Illusionen tröstete. Wir, die wir wahre Liebe nicht kennen, entwerten diese, wenn wir sie auf unsere Ebene zu ziehen versuchen. Sie ist zugleich strenger und sanfter als das, was wir kennen.

F: Veränderst Du Dich?

MM: Mein Körper verändert sich, und mit eurer fortschreitenden Erkenntnis verändert sich eure Wahrnehmung von mir. Doch ich bin immer dieselbe gewesen und werde immer dieselbe sein.

F: Hast Du Wünsche?

MM: Mein tiefster Wunsch ist, bei Paramatman zu sein.

Adilakshmi: Wenn die Mutter auch in einem Körper ist, hat sie dennoch den Wunsch, vollkommen bei Paramatman zu sein. Für sie ist es ein großer Unterschied, im Körper oder mit Paramatman zu sein.

F: Was ist das für ein Unterschied, Mutter?

MM: Wenn ich in einem Körper bin, muß ich meine Pflichten gegenüber euch und gegenüber der Welt erfüllen. Wenn ich bei Paramatman bin, bin ich von all diesen Verantwortungen frei.

F: Ist das Dein Opfer: diese völlige Vereinigung aufzugeben, um hier bei uns zu sein?

MM: Ja.

F: Könntest Du etwas darüber sagen, wie Du die Welt und Gott erfährst?

MM: Obwohl ich hier sitze, habe ich meine eigene Weise, mich an andere Orte zu begeben. Obwohl mein Körper an einem bestimmten Ort ist, kann ich gleichzeitig anderswo sein, irgendwo in Thal-

heim zum Beispiel. Ich kenne die Vergangenheit, Gegenwart und Zukunft gleichzeitig, es gibt keine Dualität. Gewahrsein existiert immer – es gibt nur das Eine.

F: Du hast oft gesagt, daß es für Dich nie eine "Trennung" gebe. Was meinst Du damit?

MM: Für mich gibt es keinen Unterschied zwischen hier oder dort, hoch oder niedrig. Alles ist Gott, jede Tätigkeit ist göttlich, alle Welten und alle Götter sind hier.

F: Ist Dir das Wissen über jedes beliebige Geschehen oder Wesen zugänglich?

MM: Auf dieser Ebene oder auf höheren Ebenen?

F: Auf dieser Ebene.

MM: Welche Art von Information?

F: Zum Beispiel, was Gorbatschow jetzt gerade tut.

MM: Es ist nicht so leicht. Aber wenn ein ernstes Problem besteht oder jemand Hilfe braucht, so kann ich es wissen. Situationen, in denen meine Hilfe etwas bewirken kann, in denen kann ich wissen. Aber nur, um etwas aus Neugier herauszufinden – nein.

F: Kannst du mit den Seelen von Menschen in Kontakt treten, die schon vor mehreren Jahren gestorben sind?

MM: Ich kann wissen, ob sich die Seele in einer guten Verfassung befindet oder nicht, aber ich kann nicht sagen, wo sie als nächstes wiedergeboren wird.

F: Die Leute stellen sich vor, daß ein Avatar alles auf allen Ebenen wissen müsse, wie eine Art Supercomputer.

MM: Als Mutter habe ich meine eigene, spezielle Arbeit, die ich genau kenne und von der ich genau weiß, wie sie zu tun ist. Das hat mit anderen Tätigkeiten, mit denen ich befaßt sein mag, nichts

zu tun. Bei solchen weiß ich vielleicht manchmal etwas nicht.
Meine Arbeit besteht nicht darin, alles zu "wissen" – zum Bei-
spiel, wo sich der gesuchte Hammer gerade befindet.

F: Nimmst Du Anrufungen um Deine Hilfe bewußt wahr, oder
wirkt Deine Kraft automatisch?

MM: Die Gnade ist automatisch, wenn das Streben aufrichtig ist.
Es ist nicht nötig, daß ich immer weiß. Wenn ich hier im Zimmer
zwanzig Telefonapparate hätte und alle läuteten, wäre das zu
nichts gut. Aber ich kann wissen, was ich will, wenn ich es will
und wenn es notwendig ist.

F: Wenn Dir eine Frage gestellt wird, wie kommt dann die Antwort?

MM: Ich SEHE sie. Das war bei mir schon als Kind so.

F: Stehst Du mit anderen göttlichen Wegen in Verbindung?

MM: Ja.

F: Ist dein Bewußtsein beim Darshan in einem anderen Zustand
als sonst?

MM: Nein. Weil die Devotees (¹) sich beim Darshan mehr auf
mich ausrichten und sich mit mehr öffnen als gewöhnlich, empfin-
den sie die Energie von mir als etwas Besonderes. Doch mein Be-
wußtsein ist immer dasselbe.

F: Schon einen Tag nach Deiner schweren Operation empfingst Du
Deine Anhänger und Schüler an Deinem Bett. Du nutzt jeden Augenblick, um zu lehren und Deine Liebe zu zeigen, nicht wahr?

MM: Das ist die göttliche Art. Ramana Maharshi gab noch in sei-
ner Sterbestunde Darshan, ebenso Anandamayima. Jede Minute
wird genutzt.

---

1) Anhänger

F: Hast Du viel Leid und Schmerzen erfahren dadurch, daß Du die Verköperung angenommen hast?

MM: Jeder leidet – das Göttliche, der Mensch, selbst die bösen Mächte - allerdings auf verschiedenen Ebenen. So viele heilige Wesen litten schwer. Christus wurde gekreuzigt, Aurobindo hatte große Not mit seinem Bein, Ramakrishna litt an Kehlkopfkrebs. Für körperliche Schmerz kann man Medizin bekommen. Welche Medizin gibt es für göttlichen Schmerz?

F: Kannst Du nicht Dein eigenes Leid darbringen und es so verwandeln?

MM: Ihr habt die Möglichkeit, euren Schmerz mir darzubringen. Ich kann meinen Schmerz niemandem darbringen, außer Paramatman. Leid kommt vom Höchsten; sowohl das Licht als auch der Schmerz kommen von dort. Der Avatar hat ein Dharma [1]) wie jeder andere auch und muß den Schmerz, Avatar zu sein, tragen. Das ist meine Rolle in dem Spiel. Ich muß tun, was der Höchste sagt.

F: Worin besteht der Schmerz des Avatars?

MM: Das Leben in der Öffentlichkeit bringt viele Fragen und Schwierigkeiten mit sich. Es schmerzt manchmal, wenn man zu Unrecht beschuldigt wird, und manchmal ist es auch schwer, mit der Unwissenheit zu tun zu haben.

F: Können wir Dein Leid wegnehmen helfen, indem wir Dich mehr lieben?

MM: Ihr könnt mein Leid nicht wegnehmen. Aber durch die Liebe derer, die zu mir kommen, kann ich es ertragen. Wenn Liebe, Treue, Aufrichtigkeit und Hingabe bestehen, werde ich länger le-

---

1) Pflicht, Aufgabe

ben. Das ist bei jedem Avatar so. Der Avatar ist Liebe, und nur Liebe kann ihn binden.

F: Verletzt Dich Undankbarkeit?

MM: Ich nehme sie fast immer leicht. In sehr seltenen Fällen schmerzt sie.

F: Fühlst Du Dich verletzt, wenn die Menschen nicht annehmen, was Du geben möchtest?

MM: Der Wunsch, zu geben, besteht nicht. Die Menschen mögen annehmen, was immer sie können.

F: Fürchtetest Du Dich als Kind, als das Licht anfing, in Deinen Körper einzudringen?

MM: Nein, ich fürchte mich nie. Als Kind ging ich immer gern allein hinaus in die Dunkelheit. Man sagte mir, das sei gefährlich, überall gebe es Skorpione. Aber ich hatte nie Angst davor.

F: Wirst Du Dich wieder auf der Erde inkarnieren?

MM: Ich weiß nicht. Es hängt erstens von dem Gebot Paramatmans ab und in zweiter Linie von den starken Wünschen und Bitten der Devotees, mich wieder zu inkarnieren.

F: Was siehst Du, wenn Du in den Spiegel schaust?

MM: Was ich sehe, ist für mich nicht interessant.

F: Sweet Mother von Pondicherry sagte einmal, die Tatsache, daß jemand in ihrer Nähe weile, bedeute nicht, daß diese Person zu ihr auch eine tiefere spirituelle Beziehung habe. Ist das bei Dir genauso?

MM: Man kann nicht verallgemeinern. Viele Faktoren spielen eine Rolle.

F: Nimmst Du jeden an, der zu Dir kommt?

MM: Ich nehme jeden an, der aufrichtig zu mir kommt. Ich kann ihn oder sie nicht abweisen, auch wenn diese Person Probleme verursacht. Das ist die Art der Mutter.

F: Waren einige Deiner Anhänger schon früher einmal mit Dir inkarniert?

MM: Nein, aber sie hatten eine Beziehung zum Göttlichen. Die Macht der verschiedenen Meister ist gleich. Was die Devotees anzieht, ist die jeweilige Persönlichkeit des Meisters.

F: Hast du manchmal das Gefühl, Deine Anhänger möchten Dich in Beschlag nehmen?

MM: Viele glauben, sie könnten mich besitzen, aber ich werde mich stets entziehen. Ich bin immer frei gewesen und werde es auch immer sein.

F: Anhänger von Dir haben manchmal das Empfinden, Du würdest sie mehr oder weniger mögen als andere oder Du wärst über sie verärgert oder auch mit ihnen zufrieden. Hast Du solche Gefühle in bezug auf die verschiedenen Devotees?

MM: Wenn Menschen mit mir arbeiten müssen, kann so ein Empfinden eher auftreten. Es ist nicht so, daß ich den einen mehr mag als den anderen. Mit wem ich arbeite, hängt von der Arbeit ab, die zu tun ist. Allen gilt meine Liebe gleichermaßen. Manchmal werde ich ärgerlich, wenn ich mit jemandem arbeite, der darauf besteht, etwas auf seine Art zu tun, während ich weiß, daß das zu lange dauern und nicht gut sein wird. Solcher Ärger aber – der selten vorkommt – entsteht nur in einer Arbeitssituation. Ich werde zum Beispiel nicht böse auf einen Devotee, der einem anderen etwas Schlechtes zufügt. Ich verändere ihn.

F: Wenn man bei Dir oder um Dich ist – wie sollte man am besten sein?

MM: Sei einfach, froh und friedvoll, mit nicht zu vielen Gedanken.

F: Fühlst Du Dich irgendeinem Land besonders verbunden?

MM: Wo immer ein Streben ist, dort bin ich glücklich. Mein Werk gilt nicht nur einem Land oder einer Rasse oder einem Volk, es ist für die ganze Welt.

F: Mutter, warum sprichst Du in diesen Tagen so wenig über Deine eigenen Erfahrungen?

MM: Die Menschen können für meine Arbeit nichts tun, solange sie nicht selbst verwirklicht sind. Daher sollte alle Energie für dieses Werk der Verwirklichung eingesetzt werden. Was nützt es, anderen Dinge zu erzählen, die sie nicht verstehen können, solange sie nicht verwirklicht sind? Es könnte sie verwirren, es könnte sie eitel oder überheblich machen. Was ich möchte, ist völlige Schlichtheit und völlige Hingabe – keine Worte, keine Diskussion, sondern Taten.

F: Was ist für Dich die tiefste Erfahrung?

MM: Wenn Menschen glücklich sind, das ist die tiefste Erfahrung für mich.

F: Die Mutter hat viele Gesichter: zurückgezogen, hoheitsvoll, schelmisch, verärgert, zärtlich ... Welches ist das wirkliche Gesicht?

MM: Alle sind wirklich. Aber am wirklichsten ist das Gesicht der Liebe. Das behaltet stets im Auge, was immer auch geschieht. Dem wendet euch zu in allen Schwierigkeiten, denen ihr begegnen möget. Dieses verehrt in jedem Schmerz, den ihr zu durchleiden habt – und alle Freude und aller Mut werden euch zuteil werden. Die vollkommene Liebe zur Mutter besteht darin, Ihr Gesicht der Liebe in allem zu sehen, was geschieht. Wenn du diese Liebe erreichst, kannst du alles vollbringen. Es gibt ein Lied in Telugu: "Liebe bringt den Stein zum Schmelzen, macht zu Wasser einen Berg..." Vollkommene Liebe kann nie besiegt werden, da sie unendlich ist.

Alles über Autorinnen und Quellen

Adilakshmi, lebt und arbeitet als Sekretärin und Sprecherin von Mutter Meera auf der Stromburg in der Nähe von Balduinstein bei Diez/Lahn.

Mutter Meera, die Inkarnation der Göttlichen Mutter
Abdruck mit freundlicher Genehmigung von Verlag und Buchvertrieb Adilakshmi, Schaumburg/Balduinstein, © by Mutter Meera

Boso. Barbarina, geboren 1951, Sachbuchautorin, Songtexterin und Unternehmerin. Immer auf der Jagd nach neuen Abenteuern und Erkenntnissen. Nirgends zu Hause und immer da. Mit Beiträgen vertreten in "Hohe Priesterinnen", "Heilerinnen" und "Schamaninnen" (Bibliothek der Anderswelt 1999).

Hekate - die Göttin der drei Wege
Freya - die Lieblingsgöttin der Nordländer
Originalbeiträge © by Literaturkontor Alte Schmiede Göttingen

Edel, Momo geboren 1965, Studium der Literaturwissenschaft in Köln und Berlin. Arbeitet als freie Autorin und Übersetzerin und leitet die *Kreative Kulturagentur* in Köln; ist Mitglied der *Bücherfrauen*. Bereits mit Beiträgen vertreten in "Hohe Priesterinnen" (Bibliothek der Anderswelt 1999)
Suche nach der verschütteten weiblichen Kraft
Isis- die Herrin des Lichts am Ort der Finsternis
Ursula- sächsische Bärengöttin und katholische Märtyrerin
Das Haupt von Feuerflammen umzüngelt: Brigit –
keltische Muttergöttin und irische Nationalheilige
Originalbeiträge © by Literaturkontor Alte Schmiede Göttingen

Horst, Christina geboren 1961 in Kassel, Studium der evangelischen Theologie und Germanistik in Bethel, Heidelberg, Berlin, Köln und Bonn. Arbeitet heute als Lehrerin und Matriarchatsforscherin (speziell: feministische Theologie) in Köln.
Groß bist Du, Ischtar , Königin der Himmel über Babylon
Originalbeitrag © by Literaturkontor Alte Schmiede Göttingen

Levine, Leah geboren 1961 in Osterode, studierte Geschichte, Publizistik und Volkskunde. Seit 1979 hat sie sich intensiv mit den magischen Künsten befaßt und sich auf dem Gebiet der Magie, der Hexerei und des Tarot einen Namen gemacht. Autorin von "Licht und Schatten der Magie" und "Leahs Liebeszauber", "Leahs kleiner Alltagszauber" (alle drei Smaragd-Verlag 1999 und 2ooo) und ist mit Beiträgen vertreten in "Hohe Priesterinnen" und "Schamaninnen" (Bibliothek der Anderswelt 1999); betreibt "Leahs magische Praxis" in Hannover.

Sara la Kali, die schwarze Göttin der Zigeuner
Originalbeitrag © Literaturkontor Alte Schmiede Göttingen

Thiele, Gerda, geboren 1965 in Opladen, Studium der Germanistik und Geschichte in Bonn. Danach Tätigkeit als wissenschaftliche Mitarbeiterin an der Universität Bonn und als freie Journalistin. Zur Zeit Mitarbeiterin eines Umweltverbandes.

Juno, die Göttin der Frauen und römische Himmelskönigin
Originalbeitrag © Literaturkontor Alte Schmiede Göttingen

Bibliothek der Schwestern der Großen Göttin

zum Stöbern, Schmökern und Weiterlesen

Das Thema Göttinnen ist so vielfältig und interessant, daß die dazu erschienenen Bücher ganze Regale, wenn nicht gar Bibliotheken füllen. Deshalb hier nur eine kleine, sehr subjektive Auswahl.

Allgemeines

Patricia Monaghan: Lexikon der Göttinnen (O.W.Barth 1997)
Sehr gutes Nachschlagewerk für den Einstieg. Manche Beiträge etwas knapp geraten.

Heide Göttner-Abendroth: Die Göttin und ihr Heros. Die matriarchalischen Religionen in Mythos, Märchen und Dichtung. (Verlag Frauenoffensive 1997)
Unverzichtbar!!! Das Standardwerk für das Thema Göttinnen.

Barbara G. Walker: Das geheime Wissen der Frauen (dtv 30484)

116

Barbara G. Walker: Die geheimen Symbole der Frauen Hugendubel, München 1997
Beide Bücher sind ein absolutes Muß! Eine unübertroffene Fundgrube und eigentlich Pflichtlektüre!

Annette Kuhn (Hrsg.) Die Chronik der Frauen (Chronik-Verlag 1992)
Das Nachschlagewerk für die Geschichte der Frauen.

Vera Zingsen:"Der Himmel ist mein, die Erde ist mein" Göttinnen großer Kulturen im Wandel der Zeiten (Verlag Klöpfer & Meyer Tübingen 1995)
Hervorragende Sammlung über Göttinnen. Mit ausführlichem Quellenmaterial. Sehr empfehlenswert!. Inzwischen unter dem Titel "Göttinnen großer Kulturen" auch bei dtv als Taschenbuch erschienen.

Gisela von Frankenberg: Kulturvergleichendes Lexikon - Von Abendland bis Zweisonnen-System (Meussling Bonn 1984)
Eine echte Fundgrube, aber man muß sich erst an die ungeheure Fülle der Informationen gewöhnen.

Shahrukh Husain: Die Göttin - Das Matriarchat, Mythen und Archetypen, Schöpfung, Fruchtbarkeit und Überfluss (Knaur-Verlag München 1998).
Ein vielseitiges und vielschichtiges Buch und eine echte Fundgrube. Wie der Titel schon verrät, z.T. etwas überfrachtet.

Nancy Blair: Göttinnen für jede Jahreszeit (Goldmann Taschenbuch 1997)

Hübsche Zusammenstellung der Göttinnen aus allen Kulturen für jede Jahreszeit.
Brigitte Regler-Bellinger: Die Himmelsherrin bin ich. Gebete und Hymnen an Göttinnen. (Verlag Gisela Meussling Bonn 1993)
Sehr schöne Textsammlung!

Barbara Ardinger: Meditieren mit der Göttin, aus dem Amerikanischen übersetzt von Momo Edel (Smaragd Verlag Neuwied 2000)
Eines der schönsten Bücher für die Begegnung mit der Göttin! Unverzichtbar!

Jürgen Zänker: Crucifixae - Frauen am Kreuz (Gebr. Mann Verlag Berlin 1998)
Mit Sicherheit eines der ungewöhnlichsten Bücher der letzten Jahre und leider auch immens teuer - aber sehr lesens- und lohnenswert.

Ischtar

Heide Göttner-Abendroth: Die Göttin und ihr Heros (*siehe unter "Allgemeines"*)

Helgard Balz-Cochois: Gomer. Der Höhlenkult Israels im Selbstverständnis der Volksfrömmigkeit. Untersuchungen zu Hosea 4, 1-5,7. Europäische Hochschulschriften, Reihe 23, Band 191 (Frankfurt 1982)

R. Koldewey: Das wiedererstehende Babylon (Berlin 1990)

Und neben unter "Allgemeines" genannten Werken auch noch:

Manfred Lurker: Lexikon der Götter und Dämonen (Kröner, Stuttgart 1989)
Ausgezeichnetes Nachschlagewerk mit sehr guten Literaturangaben

Isis

Gerda Weiler: Der enteignete Mythos (München 1985)
Interessante Darstellung aus feministischer Sicht.

Ekkehart und Gernot Rotter: Venus, Maria, Fatima: Wie die Lust zum Teufel ging
(Artemis u. Winkler Zürich 1996)
Zeigt sehr schön die Zusammenhänge zwischen Isis und Maria auf.

Vera Zingsem, Göttinnen großer Kulturen (*siehe unter "Allgemeines"*)

Hekate

Barbara Walker: Die geheimen Symbole der Frauen *(siehe unter "Allgemeines")*

Dacre Balsdon: Die Frau in der römischen Antike (Beck München 1979)

Manfred Lurker: Lexikon der Götter und Dämonen (Kröner Stuttgart 1989)

Juno

Dacre Balsdon: Die Frau in der römischen Antike (Beck München 1979)

Hans Peter Duerr: Sedna oder Die Liebe zum Leben (Suhrkamp Frankfurt 1984)

Hans Peter Duerr: Über die Grenzen zwischen Wildnis und Zivilisation (Suhrkamp Frankfurt 1984)

Jane F. Gardner: Römische Mythen (Reclam Stuttgart 1994)

Reinhard Häussler: Hera und Juno. Wandlungen und Beharrung einer Göttin (Steiner Stuttgart 1995)

Brigitte Regler-Bellinger: Die Himmelsherrin bin ich (*siehe unter "Allgemeines"*)

Howard Hayes Scułard: Römische Feste. Kalender und Kult. (Ph.v.Zabern Mainz 1985)

Erika Simon: Die Götter der Römer (Hirmer München 1990)

Freya

Wolfgang Bauer/ Irmtraud Dümotz/ Sergius Golowin/ Herbert Röttgen : Lexikon der Symbole (Melzer Dreieich 1980)
Sehr gutes Nachschlagewerk mit vielen Überraschungen.

Gisela v. Frankenberg: Kulturvergleichendes Lexikon (*siehe unter "Allgemeines"*)

Ursula

St. Ursula in Köln. Rheinische Kunststätten Köln (Heft 128, Köln 1991)
Sachliche Information über die Ursula-Kirche in Köln und deren Bauabschnitte. In der aktuellen Ausgabe fehlen allerdings die Angaben zur Isis, die in den 70er Jahren noch erwähnt wurden!!

Martin Stankowski: Köln. Der andere Stadtführer Band 2 (Volksblatt Köln 1989)
Beschreibt als einer der wenigen Stadtführer Kölns die Isis-Statue, die in der Ursula-Kirche zu Köln gefunden wurde!

Ursulinen in Köln 1639-1989. Festschrift zum 350jährigen Bestehen der Ursulinenschule Köln. 1989)
Bietet ausführliche Informationen über das Leben und Wirken Angela Mericis, sowie über die Gründung des Ursulinenordens und der Ursulinenschule Köln.

Barbara Walker: Das geheime Wissen der Frauen (*siehe unter "Allgemeines"*)

Frank Günther Zehnder: Sankt Ursula. Legende - Verehrung - Bilderwelt (Wienand Köln 1985)
Die absolut beste und ausführlichste Dokumentation der Ursula-Legende, ihre Entstehung und Weiterentwicklung im Lauf der Jahrhunderte. Mit wunderschönem Bildmaterial.

Und noch ein besonders empfehlenswerter Tip: Besuch der Goldenen Kammer der St. Ursula Kirche zu Köln

Brigit

Mythen der Menschheit: Reise in die Anderswelt - Die Kelten (Time life 1997)
Schön und informativ gemachter Band, speziell auch der Glaubensvorstellungen der Kelten.

Venceslas Kruta, Werner Fromm: Die Kelten - Die Herren des Westens (Atlantis Luzern und Herrsching 1986)

Miranda J. Green: Die Druiden. Die Welt der keltischen Magie (Econ, Düsseldorf 1998)
Reichhaltig ausgestatteter Lese- und Bilderschmöker.

Barry Cunliffe: Die Kelten und ihre Geschichte. (Lübbe Bergisch-Gladbach 1980)

Francoise Le Roux, Christian-J.Guyonvarc'h: Die Hohen Feste der Kelten (Arun Engerda 1997), darin: das Fest der heiligen Brigitte (S.87 ff)

Paul & Sylvia Botheroyd: Irland - Auf den Spuren von Druiden und Heiligen (Knaur-Taschenbuch 1990)

Sara la Kali

Pierre Derlon: Unter Hexen und Zauberern. Die okkulten Traditionen der Zigeuner (Sphinx Basel 1976)
Mit Abstand das beste Buch über das geheime Wissen der Zigeuner und speziell auch über die Heilige Sara.

Sergius Golowin: Hexen, Hippies, Rosenkreuzer. 500 Jahre magische Morgenlandfahrt (Merlin Hamburg 1977)
Wie alle Bücher von Sergius Golowin absolut lesenswert!

Henry Lincoln, Michael Baigent. Richard Leigh: Der Heilige Gral und seine Erben. Ursprung und Gegenwart eines geheimen Ordens. Sein Wissen und seine Macht (Lübbe Bergisch-Gladbach 1984)
Eigenwillige aber absolut spannende Lektüre!

Roland Gööck: Kleiner Bummel durch die Volksfeste Europas.(Praesentverlag Heinz Peter Gütersloh, o.J.
Darin vor allem: "Zigeunerwallfahrt in der Camargue" (S. 80 ff.)

Mutter Meera

Mutter Meera gibt jeden Freitag, Samstag, Sonntag und Montagabend Darshan. Da der Darshanraum nur eine bestimmte Besucherzahl aufnehmen kann, werden die Interessenten gebeten, einige Wochen vorher anzurufen, um einen Platz zu reservieren. Anmeldungen bitte nur telefonisch. Fr., Sa., So. und Mo.: 10 –

17.00 Uhr, Di., Mi., und Do.: 10 – 21.00 Uhr. Bitte keine Anmel-
dungen per Fax oder Brief! Tel. 06432.508832 und 508833. Fax-
Abrufservice 96432.508853.
Briefe an die Mutter sollten in Telugu (Mutter Meeras Mutter-
sprache), Englisch oder Deutsch abgefaßt sein. Mutter Meeras
Anschrift lautet: MUTTER MEERA, Schloß Schaumburg, 65558
Balduinstein.
Über diese Anschrift sind auch folgende Bücher erhältlich:
Mutter Meera: Antworten (in Englisch, Deutsch und Französisch)
Adilakshmi: Die Mutter (in Englisch, Deutsch und Französisch)
Bringing down the Light (Das Herabbringen des Lichts). Bild-
band mit Aquarellen von Mutter Meera.
Im Buchhandel erhältlich:
Mutter Meera: Antworten (Knaur-Taschenbuch München 1998)
Andrew Harvey: Der Pfad ins Herz (rororo transformation Rein-
bek 1994)

HOHE PRIESTERINNEN

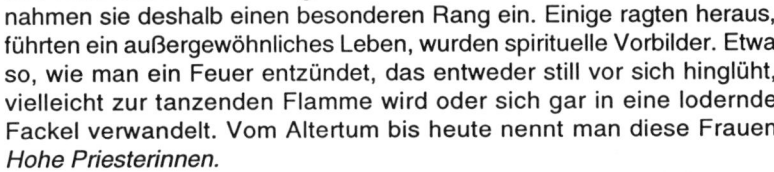

ausgewählt und vorgestellt von Marina Grünewald
128 Seiten, gebunden, Format 14,8 x 18 cm, mit
zahlr. Schwarz-Weiß-Abb. 24,80 öS 181,00 sfr

23,00 ISBN 3-926374-64-0

Priesterinnen waren und sind die Trägerinnen
des Wissens. In allen Religionen und Kulturen
nahmen sie deshalb einen besonderen Rang ein. Einige ragten heraus,
führten ein außergewöhnliches Leben, wurden spirituelle Vorbilder. Etwa
so, wie man ein Feuer entzündet, das entweder still vor sich hinglüht,
vielleicht zur tanzenden Flamme wird oder sich gar in eine lodernde
Fackel verwandelt. Vom Altertum bis heute nennt man diese Frauen
Hohe Priesterinnen.
Dazu gehören u.a. die *Päpstin Johanna,* die Priesterin der Schwarzen
Isis *Dion Fortune, Morgan le Fay, Salome* und *Marie Laveau,* die Voo-
doo-Königin von New Orleans.

Heilerinnen

ausgewählt und vorgestellt von Marina Grünwald
128 S., geb., mit zahlr. Schwarz-Weiß-Abb.

ISBN 3-926374-89-6

Die weisen Frauen und Priesterinnen waren zu allen Zeiten auch stets Heilerinnen. Überlieferte
Kenntnisse über Pflanzen, Kräuter und Tinkturen
unterstützten ihr sanftes Wissen um Geburt, Krankheit und Tod - oft auch gegen die patriarchalische
Medizin. Heute entdecken wir sie wieder, zum Beispiel: Medea; Trotula, eine Ärztin im Mittelalter;
Mashudu, die weiße Zauberheilerin; Florence
Nightin-gale, u.v.a.

Schamaninnen

ausgewählt und vorgestellt von Marina Grünewald
128 S., geb., mit zahlr. Schwarz-Weiß Abb.

ISBN 3-926374-78-0

Helfen mit Hilfe der Götter in Trance und Ekstase, oder durch das geheime Wissen vom Wesen der Natur. So lebten und wirkten die Schamaninnen in alten Zeiten und der Gegenwart. Sie sind die leuchtenden Vorbilder für alle Menschen, die anderen helfen wollen, zum Beispiel:
Frau Holle, die große Wettermacherin; Baba Yaga, die alte Frau des Herbstes; Dina Rees, die Mutter der Schamaninnen; Maria Sabina, die Stimme der heiligen Pilze; Johanna Wagner, die weiße Mganga; Oodgeroo Noomical, die Stimme der Aborigines, u.v.a.

Barbara Ardinger
Meditieren mit der Göttin

Aus dem Amerikanischen von Momo Edel
256 S., Großformat, gebunden,
ISBN 3-926374-88-8

Frieden, Mitgefühl und Weisheit finden - das ist die Essenz dieser wunderschönen Einweihung in das Herz der Göttin.
Mehr als siebzig geführte Meditationen und Rituale mit der Großen Göttin - u.a. die kraftvolle Säulen-Meditation aus der Kabbala; mit Aphrodite die Herzensliebe wecken; mit Wonder Woman Mut und Stärke gewinnen; mit Hestia den Segen des Hauses sichern; mit Shakti die Weisheit des Körpers erfahren; mit der Weißen Büffelfrau Fehler bearbeiten.
Schließen Sie die Augen ... und laden Sie die Große Göttin ein, Sie mit ihren Meditationen durch den Alltag zu begleiten.

Claire Avalon

Die Weiße Bruderschaft
EL MORYA: Was ihr sät, das erntet ihr!

256 S. brosch. ISBN 3-926374-59-4

EL MORYA, Aufgestiegener Meister und Herrscher des Ersten Strahls, zeigt in diesem Buch über Karma sehr anschaulich, daß es keinen strafenden Gott gibt, sondern jede Seele für das verantwortlich ist, was ihr widerfährt und daß jedes noch so kleine oder große Problem seine Ursache hat. Vor allem läßt er uns spüren, daß der Vater allen Seins mit unendlicher Güte und Liebe auf die Rückkehr jeder Seele wartet. Auch für Therapeut/inn/en ein wichtiges Buch.

Barbara Vödisch

Lady Nada: Botschaften der Liebe

196 S., DIN A 5, Softcover, ISBN 3-926374-75-6

Hier ist die Antwort aus der geistigen Welt zu einem Thema, das die Menschheit seit jeher bewegt hat.
Nada, Aufgestiegene Meisterin, spricht über das Thema Liebe in all seinen Facetten: Die Liebe zu sich selbst und zu anderen; zu Pflanzen und Tieren; Kontakt mit der geistigen Welt - das sind nur einige Themen dieses Buches, aus dem so viel Liebe strömt, daß einem bei der Lektüre ganz warm und das Herz ganz weit wird.

Claire Avalon
Channeling - Medien als Boschafter des Lichts

128 S. brosch., ISBN 3-926374-73-X

In *Channeling - Medien als Botschafter des Lichts* bezeichnet Claire Avalon Channeln als Sprache der Liebe, des Vertrauens und der gegenseitigen Toleranz und Akzeptanz.

Sie schreibt - witzig und anschaulich - über ihre praktische Arbeit als Medium der Großen Weißen Bruderschaft. Viele Menschen, die ein Channel aufsuchen, bringen zu einer solchen Sitzung falsche Vorstellungen mit und wissen nicht, wie sie mit den Informationen, die sie dort erhalten, umgehen sollen.
Claire Avalon spricht u.a. folgende Themen an: Die Grundlagen des Channelings, physische und psychische Voraussetzungen auf beiden Seiten, Karma und Reinkarnation, Umgang mit dem Karma; Vertrauen und Beweise; Fragen und Antworten.
Im letzten Kapitel werden die Aufgestiegenen Meister und Lenker der Sieben Strahlen vorgestellt und kommen mit jeweils einer eigenen Botschaft zu Wort:
El Morya; Konfuzius, Rowena, Serapis Bey, Hilarion, Nada und Saint Germain.
Eine wichtige Einführung in die wunderbare Zusammenarbeit mit den geistigen Ebenen - Channeling als Verbindung zwischen Geist und Materie.

Anna Amaryllis
Die Weiße Bruderschaft - Freunde im Licht

160 S. brosch. ISBN 3-926374-52-7

Dieses Buch gibt einen Einblick in das Wirken der Weißen Bruderschaft, zu deren Mitgliedern u.a. Jesus, Daskalos, El Morya, St. Germain, die Indianerin No-Eyes und Yogananda gehören. Es vermittelt Zuversicht, Kraft und Freude all denen, die um die Freunde im Licht wissen und sich diesen Energien öffnen.

„Die Anderswelt ist eine menschliche Vorstellung dessen, das 'Jenseits' liegt - aber doch noch innerhalb einer gewissen Reichweite. Wie wir gesehen haben, erfolgt der Zugang nicht direkt, sondern absichtslos, an den Bruchstellen der Zeit, auf verschlungenen Umwegen und Irrfahrten übers Meer durch tranceartige Zustände, Nacht oder Nebel. Vergleichbare Jenseitsfahrten hat es in allen Kulturen und zu allen Zeiten gegeben."

Marita Lück

Bibliothek der Anderswelt

Herausgegeben von Marina Grünewald